GRAMMAIRE

DES COMMENÇANTS,

CONTENANT

LA CONNAISSANCE DES DIVERSES ESPÈCES DE MOTS EMPLOYÉS
DANS LA LANGUE FRANÇAISE,
LA CONCORDANCE DE CES MOTS DANS LA PHRASE,
UN TRAITÉ D'ORTHOGRAPHE,
ET UNE MÉTHODE D'ANALYSE GRAMMATICALE
ÉLÉMENTAIRE ;

Par Demandes et par Réponses.

PAR

CHARLES-CONSTANT LE TELLIER.

Vingt-quatrième édition.

PARIS,

BELIN-LEPRIEUR ET MORIZOT, LIBRAIRES,

RUE PAVÉE SAINT-ANDRÉ-DES-ARCS, 5.

1846.

1845.

ON TROUVE A LA MÊME ADRESSE :

MANUEL GRAMMATICAL, contenant la connaissance des diverses espèces de mots employés dans la langue française, etc. ; par C.-C. Le Tellier. 16e édit. 1844. 1 vol. in-12, cartonné. 1 fr.

TRAITÉ DES PARTICIPES, suivi de Thèmes sur l'application des règles de cette partie du discours ; par le même. 4e édition , 1 vol. in-12 , broché. 1 fr. 25 c.

TRAITÉ DE LA CONJUGAISON DES VERBES, par le même. 2e édit. 1838. 1 vol. in-12, br. 1 fr. 50 c.

TRAITÉ DE LA CONCORDANCE DES MODES ET DES TEMPS, et particulièrement de l'emploi du subjonctif ; par le même, 1837. 1 vol. in-12. 1 fr. 25 c.

MANUEL GÉOGRAPHIQUE, par le même ; 10e édition, revue et corrigée, 1840. 1 vol. in-12, cart. 1 fr.

GÉOGRAPHIE (NOUVELLE) ÉLÉMENTAIRE ; par le même. 13e édit. 1 vol. in-12, br. 4 fr.

TABLEAU CHRONOLOGIQUE DE L'HISTOIRE GÉNÉRALE, depuis la création du monde jusqu'à nos jours; ouvrage classique; par le même. 1 vol. in-12, br. 3 fr.

INSTRUCTION SUR L'HISTOIRE ROMAINE, depuis la fondation de Rome jusqu'à la translation du siége de l'empire à Byzance, par Constantin-le-Grand ; par le même. 1 vol. in-12. fig. 3 fr.

MANUEL DE L'HISTOIRE DE FRANCE ; par le même. 5e édition, augmentée et continuée jusqu'au règne de S. M. Louis-Philippe 1er. 1840. 1 vol. in-12, cart. 1 fr.

FABULISTE DES DEMOISELLES, précédé d'un Exercice sur l'apologue; par le même. 2e édition. 1 vol. in-18, 1 fig. br., 1 fr. 50 c.

GRAMMAIRE
DES COMMENÇANTS.

DEMANDE. Qu'est-ce que la Grammaire?

RÉPONSE. La *Grammaire* est l'art de parler et d'écrire correctement.

D. Qu'est-ce que *parler* et *écrire*?

R. C'est exprimer sa pensée par des mots.

D. Qu'appelle-t-on mots?

R. On appelle *mots* des sons prononcés par la bouche, ou des caractères tracés par la main. Les mots sont composés de *lettres*.

D. Combien notre alphabet comprend-il de lettres?

R. Il comprend vingt-cinq lettres, qui se divisent en voyelles et en consonnes.

D. Que nommez-vous voyelles?

R. Ce sont les lettres qui forment seules une *voix*, un *son*. Nous en avons six, savoir : a, e, i, o, u et y.

D. Et qu'appelle-t-on *consonnes*?

R. Ce sont les lettres qui ne se prononcent point seules , et ne forment un son qu'avec le secours des voyelles. Il y en a dix-neuf, qui sont : *b, c, d, f, g, h, j, k, l, m, n, p, q, r, s, t, v, x, z.*

D. Comment se divisent les voyelles ?

R. Elles se divisent en longues et en brè-ves. Les voyelles *longues* sont celles sur lesquelles on appuie davantage en les prononçant ; et les voyelles *brèves* sont celles sur lesquelles on appuie moins.

D. Faites-nous sentir cette différence de prononciation par des exemples.

R. *A* est long dans *pâte*, pour faire du pain , et il est bref dans *frégate.*

E est long dans *fête* , et bref dans *diète.*

I est long dans *gîte*, et bref dans *petite.*

O est long dans *côte* , et bref dans *pelote.*

U est long dans *flûte*, et bref dans *brute.*

D. Combien distingue-t-on de sortes d'*e*?

R. On distingue trois sortes d'*e*, savoir : l'*e* muet , l'*é* fermé et l'*è* ouvert.

D. Faites-nous connaître chacun de ces *e.*

R. L'*e* muet est celui qui n'a qu'un son sourd et peu sensible , comme à la fin de ces mots, *vase* , *rose* , etc.

L'*é* fermé est celui qui se prononce la bouche presque fermée, comme dans ces mots, *été*, *vérité*, etc.

L'*è* ouvert est celui qu'on prononce en ouvrant la bouche et en desserrant les dents, comme dans *succès*, *accès*, *procès*, etc. Cet *e* peut être plus ou moins ouvert.

D. Peut-on faire connaître, dans l'écriture, ces différentes sortes d'*e*, et les voyelles longues?

R. Oui; et l'on emploie pour cet usage trois petits signes que l'on nomme *accents*. Ce sont l'accent *aigu* ('), qui se met sur les *é* fermés, comme dans *café*, *sincérité*, etc.; l'accent *grave* (`), qui se met sur les *è* ouverts; *abcès*, *père*, etc.; et l'accent *circonflexe* (^), qui se met sur la plupart des voyelles longues, *grâce*, *hêtre*, *épître*, *apôtre*, *embûche*. L'accent *aigu* va de droite à gauche; l'accent *grave* de gauche à droite; l'accent *circonflexe* se forme de la réunion des deux autres, et a la figure d'un v renversé. L'accent *grave* se met aussi quelquefois sur *a* et sur *u*, je vais *là*... où allez-vous? L'accent *circonflexe* se met sur les cinq voyelles *â, ê, î, ô, û.*

D. Que remarquez-vous sur l'*y* grec?

R. L'*y* grec s'emploie le plus souvent pour deux *i,* comme dans *pays , moyen, joyau,* qu'on prononce comme *pai-is , moi-ien , joi-iau.* Mais l'*y* grec n'a que la valeur de l'*i* simple, lorsqu'il se trouve entre deux consonnes, comme dans ces mots d'origine grecque, *système, abyme, étymologie, hypocrisie;* prononcez : *sistème , abîme , étimologie , hipocrisie,* etc.

D. Que remarquez-vous sur la lettre *h?*

R. La lettre *h* est muette ou aspirée.

Elle est *muette* , lorsqu'elle ne se fait point sentir dans la prononciation, comme dans ces mots : l'*hommage,* l'*histoire,* qu'on prononce comme s'il y avait l'*ommage,* l'*istoire* (sans *h*).

Elle est *aspirée* , lorsqu'elle fait prononcer du gosier la voyelle qui la suit , comme dans ces mots , le *hameau* , le *héros,* le *héraut d'armes,* la *harangue* , etc., qu'on écrit et qu'on prononce séparément. Les mots qui commencent par une *h aspirée* se prononcent au pluriel sans aucune liaison avec la consonne finale du mot précédent. Ainsi, dites *lé-héros*, et non point les *zhéros*.

D. Qu'est-ce qu'une syllabe?

R. On appelle *syllabe* une ou plusieurs lettres qui forment un son, et se prononcent par une seule émission de voix. *But, traits*, sont des mots d'une syllabe. Dans le mot *âme*, *â* fait une syllabe, et *me* en fait une autre. Les mots qui ne sont que d'une syllabe s'appellent *monosyllabes*.

D. Combien la langue française emploie-t-elle de sortes de mots?

R. La langue française emploie dix sortes de mots, qu'on appelle les *parties du discours*. Ce sont : le substantif, l'article, l'adjectif, le pronom, le verbe, le participe, l'adverbe, la préposition, la conjonction et l'interjection.

D. Qu'est-ce que le substantif?

R. Le *substantif*, ou *nom*, est un mot dont on se sert pour désigner une personne ou une chose.

D. Qu'est-ce que l'article?

R. *L'article* est un petit mot qui se met

devant les noms *appellatifs*, et qui en dé-termine la signification.

D. Qu'est-ce que l'adjectif?

R. L'*adjectif* est un mot qui donne une qualification au substantif; il marque la qualité ou la manière d'être de la personne ou de la chose.

D. Qu'est-ce que le pronom?

R. Le *pronom* est un mot qui tient la place du nom.

D. Qu'est-ce que le verbe?

R. Le *verbe* est un mot dont on se sert pour exprimer que l'on est ou que l'on fait quelque chose. Ainsi, le verbe exprime un *état* ou une *action*.

D. Qu'est-ce que le participe?

R. Le *participe* est un mot qui tient du verbe et de l'adjectif. Il tient du verbe, en ce qu'il en a la signification et le complément, comme, *étudiant* une leçon, leçon *étudiée* par l'élève. Il tient de l'adjectif, en ce qu'il *qualifie* une personne ou une chose, comme, *vieillard honoré, vertu éprouvée.*

D. Qu'est-ce que la préposition?

R. La *préposition* est un mot *invariable*

qui sert à marquer les rapports que les choses ont entre elles. Les prépositions ont un complément.

D. Qu'est-ce que l'adverbe?

R. L'*adverbe* est un mot *invariable* qui se joint au verbe ou à l'adjectif, pour en exprimer quelque circonstance.

D. Qu'est-ce que la conjonction?

R. La *conjonction* est un mot *invariable* qui sert à lier ensemble les diverses parties de la phrase.

D. Qu'est-ce que l'interjection?

R. L'*interjection* est un mot *invariable* qui sert à exprimer les divers sentiments de l'âme.

Nous allons reprendre chacune de ces parties en détail.

CHAPITRE I.

LE SUBSTANTIF.

D. Qu'est-ce que le substantif?

R. Le *substantif*, ou *nom*, est un mot dont on se sert pour désigner une personne ou une chose.

1.

D. Combien distingue-t-on de sortes de substantifs?

R. On distingue deux sortes de substantifs, ou noms, savoir : le nom commun et le nom propre.

Le nom *commun* ou *appellatif* est celui qui convient à toute une espèce. *Homme, fleuve, ville*, sont des noms *communs*.

Le nom *propre* est celui qui ne convient qu'à un *individu. Alexandre, Philippe, Julie, Seine, Paris,* etc., sont des noms *propres.*

D. Que faut-il considérer dans les substantifs ?

R. Il faut y considérer le genre et le nombre.

D. Combien y a-t-il de genres ?

R. Il y a deux genres, le masculin et le féminin. Les noms d'hommes et de mâles sont du genre masculin, comme, un *soldat,* un *cheval.* Les noms de femmes ou de femelles sont du genre féminin, comme, *une nourrice, une génisse,* etc. ; puis, par imitation, on a donné le genre masculin et le genre féminin à des êtres qui ne sont ni mâles ni femelles, comme, un *arbre*, une *table*, etc.

D. Que désignent les nombres?

R. Les nombres désignent ou l'unité ou la pluralité des objets. De là, deux nombres, le *singulier*, qui indique un seul être, comme, le *père*, un *arbre*, etc.; et le *pluriel*, qui marque plusieurs êtres, comme les *pères*, des *arbres*, etc.

D. Les substantifs s'écrivent-ils au pluriel comme au singulier?

R. Non. Pour marquer qu'un substantif est au pluriel, on ajoute une *s* à la fin. Exemples : le *père*, les *pères*; le *bain*, les *bains*; la *mère*, les *mères*; la *danse*, les *danses*, etc.

D. Quelles sont les exceptions à cette règle?

R. Les voici :

Première exception. Les substantifs qui se terminent au singulier par *s*, *x* ou *z* n'ajoutent rien au pluriel. Exemples : la *souris*, les *souris*; la *perdrix*, les *perdrix*; la *noix*, les *noix*; le *riz*, les *riz*; le *nez*, les *nez*.

Deuxième exception. Les substantifs qui

se terminent au singulier par *au*, *eu*, prennent un *x* au pluriel : l'*oiseau*, les *oiseaux* ; le *jeu*, les *jeux*.

Troisième exception. La plupart des substantifs terminés au singulier par *al*, *ail*, forment leur pluriel en *aux* : le *mal*, les *maux* ; le *canal*, les *canaux* ; le *travail*, les *travaux* ; le *corail*, les *coraux* ; etc. (Mais *bal*, *régal*, font au pluriel *bals*, *régals* ; *détail*, *éventail*, *portail*, *gouvernail*, *camail*, *épouvantail*, font au pluriel *détails*, *éventails*, *portails*, *gouvernails*, *camails*, *épouvantails*). *Ail* (légume) fait *aulx*. *Aïeul*, *ciel*, *œil*, font *aïeux*, *cieux*, *yeux* ; mais *ciel de lit* fait au pluriel *ciels de lit* ; *œil de bœuf* (petite lucarne) fait *œils de bœuf*.

Quatrième exception. Les noms propres ne prennent point la marque du pluriel. Écrivez : *les deux* Corneille *sont nés à Rouen.* Et quand ces noms ne sont plus employés pour désigner des individus d'une même famille, mais des personnes qui ressemblent à quelque homme célèbre par leurs talents, leur gloire, leurs vertus, ils deviennent alors des noms communs, et prennent la marque du pluriel. Ainsi, vous devez écrire : *tous les siècles ne produisent pas des* Corneilles.

CHAPITRE II.

L'ARTICLE.

D. Qu'est-ce que l'article ?

R. L'*article* est un petit mot qui se met devant les noms *appellatifs*, et qui en détermine la signification.

Les articles sont, *le, la, les*. L'article *le* se met devant les noms communs masculins singuliers : *le* père, *le* rosier. L'article *la* se met devant les noms féminins singuliers : *la* mère, *la* rose, etc.

L'article *les* se met devant tous les noms pluriels, soit masculins, soit féminins : *les* pères, *les* mères; *les* rosiers, *les* roses. Ces trois articles *le, la, les*, s'appellent articles *simples*.

D. Avons-nous des articles *composés* ?

R. On donne le nom d'articles *composés*

à de petits mots formés d'un article simple et de l'une des deux prépositions *de* ou *à*. Ainsi, on dit *du* pour *de le*, devant un nom masculin singulier qui commence par une consonne : *la maison* du *prince*. On dit *des* pour *de les*, devant tous les noms pluriels : *la maison* des *princes*, des *princesses ;* le *corps* des *officiers ;* etc. De même, on dit *au* pour *à le*, devant un nom masculin singulier, qui commence par une consonne : *j'ai parlé* au *prince*. On dit *aux* pour *à les* devant tous les noms pluriels : *j'ai parlé* aux *princes*, aux *princesses,* etc. *Du, des, au, aux*, sont des articles *composés*.

D. Que remarquez-vous encore sur l'article ?

R. On doit remarquer que l'on retranche *e* dans l'article *le*, et *a* dans l'article *la*, devant un mot qui commence par une voyelle ou par une *h* muette. Ainsi, on dit : *l'ami*, pour *le ami ;* *l'horloge*, pour *la horloge*. Mais alors on met, à la place de la lettre retranchée, cette petite figure ('), que l'on appelle une *apostrophe*.

CHAPITRE III.

L'ADJECTIF.

D. Qu'est-ce que l'adjectif ?

R. L'*adjectif* est un mot qui donne une qualification au substantif. Il marque la qualité ou la manière d'être de la personne ou de la chose. Quand je dis *bon* père, *beau* temps, *bon* et *beau* sont des adjectifs qui qualifient les substantifs *père* et *temps.*

D. Les adjectifs sont-ils susceptibles des deux genres ?

R. Oui. Les adjectifs prennent les deux genres, le *masculin* et le *féminin.*

D. Comment se forme le féminin dans les adjectifs ?

R. *Règle générale.* Quand un adjectif ne finit point par un *e* muet, on y ajoute un *e* muet, pour former le féminin : *savant, savante; plein, pleine; nu, nue; vert, verte;* etc.

D. Quelles sont les exceptions à cette règle ?

R. Les voici :

Première exception. Les adjectifs *blanc,*

franc, sec, font au féminin *blanche, franche, sèche ; public, caduc, turc,* font *publique, caduque, turque ; grec* fait *grecque.*

Deuxième exception. Les adjectifs terminés en *f* font leur féminin en *ve.* Exemples : *bref, brève ; vif, vive ; neuf, neuve ;* etc.

Long fait *longue ; favori* fait *favorite.*

Troisième exception. Un grand nombre d'adjectifs doublent au féminin leur dernière consonne, en prenant un *e* muet. Ainsi : *cruel, solennel, vermeil, bon, ancien, épais, gros, muet,* etc. font au féminin, *cruelle, solennelle, vermeille, bonne, ancienne, épaisse, grosse, muette,* etc. Mais *discret, secret, inquiet, complet,* font *discrète, secrète, inquiète, complète.* Les adjectifs en *al* ne doublent pas *l* au féminin : *la gloire* nationale, *la règle générale.....* *Civil, subtil, vil, viril, bissextil,* font au féminin *civile, subtile, vile, virile, bissextile...* *Tranquille* prend deux *ll* au masculin, comme au féminin

Quatrième exception. Malin, bénin, font *maligne, bénigne.*

Cinquième exception. Les adjectifs en

eur font ordinairement leur féminin en *-euse* : *trompeur*, *trompeuse* ; *flatteur*, *flatteuse* ; *menteur*, *menteuse*. Mais les adjectifs qui expriment une comparaison font leur féminin en ajoutant *e* : *meilleur*, *meilleure* ; *supérieur*, *supérieure* ; etc.

Sixième exception. Les adjectifs terminé en *x* changent *x* en *se* : *dangereux*, *dangereuse* ; *honteux*, *honteuse* ; *jaloux*, *jalouse* ; etc. Cependant *doux* fait *douce* ; *roux* fait *rousse* ; *faux* fait *fausse*.

D. Les adjectifs prennent-ils aussi les deux nombres ?

R. Oui. Les adjectifs prennent les deux nombres, le *singulier* et le *pluriel*.

D. Comment se forme le pluriel dans les adjectifs ?

R. *Règle*. Le pluriel, dans les adjectifs, se forme, comme dans les substantifs, en ajoutant *s* à la fin : *vrai*, *vraie* ; au pluriel *vrais*, *vraies* ; *obligeant*, *obligeante* ; au pluriel *obligeants*, *obligeantes*.

D. Y a-t-il quelques exceptions à cette règle ?

R. Oui. Les adjectifs, dont le masculin se

termine en *au*, prennent *x* au pluriel : *beau,
beaux ; nouveau, nouveaux*. Mais *bleu* fait
au pluriel *bleus* : des yeux *bleus*.

Les adjectifs terminés en *al* font leur pluriel en *aux : égal, égaux ; national, na-
tionaux*. Mais un grand nombre d'adjectifs
qui finissent en *al* n'ont point de pluriel
masculin, comme *filial, fatal, frugal,
pascal, pastoral, naval, trivial, vénal,
littéral, conjugal, austral, boréal, final*.
Ainsi, ces adjectifs ne peuvent jamais être
joints à un nom masculin pluriel.

Des différentes sortes d'adjectifs.

D. Quelles sont les différentes sortes d'adjectifs ?

R. Il y en a un très-grand nombre. Nous
distinguons particulièrement les adjectifs
possessifs, les adjectifs *démonstratifs*, et les
adjectifs *numéraux*.

Adjectifs possessifs.

D. Qu'appelez-vous adjectifs possessifs ?

R. Les adjectifs *possessifs* sont ceux qui
servent à exprimer la possession de la chose

dont on parle , comme *mon* couteau ; *votre* cuiller , *sa* fourchette.

	SINGULIER.		PLURIÈL.
Masculin.	*Féminin.*		*Des deux genres.*
Mon.	Ma.		Mes.
Ton.	Ta.		Tes.
Son.	Sa.		Ses.
Notre.	Notre.		Nos.
Votre.	Votre.		Vos.
Leur.	Leur.		Leurs.

D. Que remarquez-vous sur les adjectifs possessifs *mon* , *ton* , *son* ?

R. *Mon* , *ton* , *son* , s'emploient au féminin , devant une voyelle ou une *h* muette ; on dit *mon* âme, pour *ma* âme ; *ton* humeur, pour *ta* humeur; *son* épée , pour *sa* épée.

Adjectifs démonstratifs.

D. Qu'est-ce que les adjectifs démonstratifs?

R. Les adjectifs *démonstratifs* sont ceux qui servent à montrer la chose dont on parle, comme quand je dis , *ce* sac , *cette* boîte , je montre un *sac* , une *boîte* , etc.

	SINGULIER.		PLURIEL.
Masculin.	*Féminin.*		*Des deux genres.*
Ce, cet.	Cette.		Ces.

D. Que remarquez-vous sur l'adjectif *ce* ?

R. On met *ce* devant les substantifs qui commencent par une consonne ou par une *h* aspirée : *ce* magistrat, *ce* héros. On met *cet* devant les substantifs qui commencent par une voyelle ou par une *h* muette : *cet ami*, *cet historien*.

Adjectifs numéraux.

D. Qu'appelle-t-on adjectifs *numéraux* ?

R. Les adjectifs *numéraux* sont ceux qui indiquent des rapports aux nombres.

Il y en a de deux sortes : les adjectifs de nombre *cardinal*, et les adjectifs de nombre *ordinal*.

Les adjectifs de nombre *cardinal* sont ceux qui désignent seulement la quantité : *un, deux, trois, quatre, cinq, six, sept, huit, neuf, dix, onze, douze, treize, quatorze, quinze, seize, dix-sept, dix-huit, dix-neuf, vingt, trente, quarante, cinquante, soixante, quatre-vingts, cent, mille*, etc.

Les adjectifs de nombre *ordinal* se forment des cardinaux, et désignent l'ordre ; ce sont : *premier, second, troisième, qua-*

trième, *cinquième*, *sixième*, *septième*, *huitième*, *neuvième*, *dixième*, etc.

Degrés de signification dans les Adjectifs.

D. Combien distinguez-vous de degrés de signification dans les adjectifs ?

R. Il y a trois degrés de signification dans les adjectifs, savoir : le *positif*, le *comparatif* et le *superlatif*.

Le *positif* est l'adjectif marquant simplement la qualité, comme *le soleil est* brillant, *la vie est* courte.

Le *comparatif* est l'adjectif exprimant la qualité avec comparaison. Quand on compare un objet avec un autre, il peut en résulter un rapport de *supériorité*, un rapport d'*infériorité*, ou un rapport d'*égalité*, ce qui forme trois sortes de *comparatifs*.

Le comparatif de *supériorité* se marque en mettant *plus* devant l'adjectif, et la conjonction *que* après : *mon jardin est* plus *grand* que *le vôtre*.

Le comparatif d'*infériorité* se marque en mettant les adverbes *moins*, *pas aussi*, devant l'adjectif, et la conjonction *que* après.

votre jardin est moins *grand*, *n'est* pas aussi *grand* que *le mien.*

Le comparatif d'*égalité* se marque par l'adverbe *aussi*, et la conjonction *que*. Exemple : *votre jardin est* aussi *grand* que *le mien.*

D. Avons-nous des adjectifs qui expriment seuls une comparaison ?

R. Nous avons trois comparatifs qui s'expriment en un seul mot : *meilleur*, au lieu de *plus bon*, qui ne se dit point ; *moindre*, au lieu de *plus petit ; pire*, au lieu de *plus mauvais.* Exemple : *la vertu est* meilleure *que la science ; vos peines sont* moindres *que les miennes ; le remède est* pire *que le mal.*

D. Qu'est-ce que le superlatif ?

R. C'est l'adjectif exprimant la qualité portée au suprême degré.

Il y a deux sortes de superlatifs : 1° le superlatif *absolu*, qui se forme avec le mot *très*, ou avec *fort*, *extrêmement ;* et, quand il y a admiration, avec *bien*. Exemples : *cet enfant est* très-docile *; cet enfant est* fort *aimable ; voilà un enfant* bien *raisonnable !*

2° Le superlatif *relatif* qui marque un rapport à d'autres objets, et qui s'exprime en mettant devant le comparatif les articles *le*, *la*, *les*. Exemple : *le paon est* le plus *beau des oiseaux*.

Accord des Adjectifs avec les Substantifs.

D. Comment l'adjectif s'accorde-t-il avec le substantif ?

R. Ire *règle*. Tout adjectif doit être du même genre et du même nombre que le substantif auquel il se rapporte.

EXEMPLES.

Le soulier blanc.	*Les souliers blancs.*
La belle robe.	*Les belles robes.*

D. De quel nombre doit être l'adjectif qui se rapporte à deux substantifs singuliers ?

R. IIe *règle*. L'adjectif qui se rapporte à deux substantifs singuliers doit se mettre au pluriel, parce que deux singuliers font un pluriel.

EXEMPLE.

Le roi et le berger sont égaux après la mort.

D. Si les deux substantifs sont de différent genre, de quel genre devra être l'adjectif ?

R. IIIe *règle*. L'adjectif qui se rapporte à deux substantifs de différent genre doit se mettre au masculin pluriel.

EXEMPLES.

Le frère et la sœur sont également bons.
Le vice et la vertu sont *opposés*.
J'ai trouvé mon père et ma mère malheureux.

CHAPITRE IV.

LE PRONOM.

D. Qu'est-ce que le pronom?

R. Le *pronom* est un mot qui tient la place du nom. On divise les pronoms en *personnels*, *possessifs*, *démonstratifs*, *relatifs*, *interrogatifs*, et *indéfinis*.

Pronoms personnels.

D. Qu'appelez-vous pronoms personnels?

R. Les pronoms *personnels* sont ceux qui désignent les personnes.

Il y a trois personnes : la première est celle qui parle; la seconde est celle à qui l'on parle; et la troisième est celle de qui l'on parle.

D. Quels sont les pronoms de la première personne?

R. Ce sont *je* ou *moi* pour le singulier, et *nous* pour le pluriel. Ces pronoms sont des deux genres.

On dit *me* pour *à moi*, *moi* : vous *me* parlez, c'est-à-dire, vous parlez *à moi* ; vous *me* regardez, c'est-à-dire, vous regardez *moi*.

D. Quels sont les pronoms de la seconde personne?

R. Ce sont *tu* ou *toi* pour le singulier, et *vous* pour le pluriel. Ces pronoms sont aussi des deux genres.

On dit *te* pour *à toi*, *toi* : je *te* parle, c'est-à-dire, je parle *à toi* ; je *te* vois, c'est-à-dire, je vois *toi*.

D. N'emploie-t-on le pronom *vous* qu'en parlant à plusieurs personnes?

R. Par politesse, on dit *vous* au lieu de *tu* au singulier ; par exemple, en parlant à un enfant : *vous* êtes bien raisonnable!

D. Quels sont les pronoms de la troisième personne?

R. Ce sont : *il* pour le masculin, *elle* pour le féminin, au singulier ; *ils* pour le masculin, *elles* pour le féminin, au pluriel.

On dit *lui*, pour *à lui*, *à elle*. Exemple : vous *lui* parlerez, c'est-à-dire, vous parlerez *à lui*, *à elle*.

On dit *leur*, pour *à eux*, *à elles*. Exemple : vous *leur* parlerez, c'est-à-dire, vous parlerez *à eux*, *à elles*.

On dit *se* pour *à soi*, *lui*. Exemples : il *se* fait un devoir, c'est-à-dire, il fait *à lui* ; il *se* perd, c'est-à-dire, il perd *lui*. Les grammairiens appellent *pronom réfléchi* le pronom *se*, *soi*, parce qu'il marque le rapport d'une personne ou d'une chose à elle-même : *me*, *te*, *nous*, *vous*, s'emploient aussi comme pronoms *réfléchis*, devant un verbe dont ils sont le complément.

Pronoms possessifs.

D. Qu'est-ce que les pronoms possessifs ?

R. Les pronoms *possessifs* sont ceux qui marquent la possession des choses.

SINGULIER.		PLURIEL.	
Masculin.	*Féminin.*	*Masculin.*	*Féminin.*
Le mien.	La mienne.	Les miens.	Les miennes.
Le tien.	La tienne.	Les tiens.	Les tiennes.
Le sien.	La sienne.	Les siens.	Les siennes.

Des deux genres.

Le nôtre.	La nôtre.	Les nôtres.
Le vôtre.	La vôtre.	Les vôtres.
Le leur.	La leur.	Les leurs.

Pronoms démonstratifs.

D. Qu'appelle-t-on pronoms démonstratifs?

R. Les pronoms *démonstratifs* sont ceux qui servent à montrer les personnes ou les choses dont on parle.

SINGULIER.		PLURIEL.	
Masculin.	*Féminin.*	*Masculin.*	*Féminin.*
Celui.	Celle.	Ceux.	Celles.
Celui-ci.	Celle-ci.	Ceux-ci.	Celles-ci.
Celui-là.	Celle-là.	Ceux-là.	Celles-là.
Ce, Ceci, Cela.			

Celui-ci, celle-ci, s'emploient pour montrer des objets qui sont proches ; *celui-là, celle-là*, pour montrer des objets éloignés.

Pronoms relatifs.

D. Qu'est-ce que les pronoms relatifs ?

R. Les pronoms *relatifs* sont ceux qui ont rapport à un nom ou à un autre pronom qui les précède, et qu'on appelle *antécédent*, comme, quand je dis, « *Dieu* qui *a créé le monde*, » *qui* se rapporte à *Dieu*; « *le livre que je lis*, » *que* se rapporte à *livre*. *Dieu* est l'antécédent du pronom relatif *qui*; *livre* est l'antécédent du pronom relatif *que*. Les pronoms *qui*, *que*, sont des deux genres et des deux nombres.

SINGULIER.		PLURIEL.	
Masculin.	*Féminin.*	*Masculin.*	*Féminin.*
Lequel.	Laquelle.	Lesquels.	Lesquelles.

On dit *duquel* pour *de lequel*; *auquel* pour *à lequel*; *desquels* pour *de lesquels*; *desquelles* pour *de lesquelles*; *auxquels* pour *à lesquels*; *auxquelles* pour *à lesquelles*.

Dont s'emploie pour *duquel*, *de laquelle*, *desquels* et *desquelles*.

Le, *la*, *les*, sont d'autres pronoms *relatifs*, dont le premier est pour le genre masculin, le second pour le féminin, le troisième pour les *deux* genres, au pluriel. *Voilà un bon livre, lisez-le. Vous avez la gazette, donnez-la moi. Quand vous aurez des nouvelles, vous me les ferez savoir.*

Enfin, il y a deux mots qui sont encore des pronoms relatifs, savoir, *en* et *y.*

En sert à désigner une personne ou une chose dont on vient de parler. Exemples : *Cette affaire est délicate, le succès* en *est douteux*, c'est-à-dire, le succès de cette affaire est douteux. *Cette maladie est dangereuse, il pourrait bien* en *mourir. Vient-il de la cour? Oui, il* en *vient.*

Y signifie *à cela, à cet homme-là, en cet endroit-là.* Exemples : *J'y répondrai dans la suite. C'est un honnête homme, fiez-vous-y. Voulez-vous y aller? J'y passerai*, etc.

Pronoms interrogatifs.

D. Que nommez-vous pronoms interrogatifs ?

R. Les pronoms *interrogatifs* sont ceux qui servent à interroger.

Qui, que, quoi.

On connaît que ces pronoms sont interrogatifs, quand ils n'ont point d'antécédent, et qu'on peut les changer en *quelle personne* ou en *quelle chose.*

2.

EXEMPLES.

Qui *oserait?* etc.

Que *faites-vous là?*

A quoi *pensez-vous?*

Pronoms indéfinis.

D. Qu'est-ce que l'on appelle pronoms indéfinis?

R. Les pronoms *indéfinis* sont ceux qui ont une signification générale et indéterminée, comme *on, quiconque, chacun, nul, aucun, pas un, tel, qui que ce soit, quoi que ce soit, quoi,* etc.

EXEMPLES.

On *vous attend.*

Quiconque *est paresseux reste ignorant.*

Chacun *sent son mal.*

Aucun *n'a paru.*

Pas un *ne vous croit.*

Tel *qui rit vendredi, dimanche pleurera.*

Qui que ce soit *qui vienne.*

Qui que ce soit *qui vous ait retenu.*

Quoi *qu'il en soit.*

Les mots *les uns, les autres,* sont aussi des pronoms *indéfinis,* quand ils sont employés seuls, comme dans cette phrase : les uns *sont de cet avis*, les autres *n'en sont point.*

Accord des pronoms.

D. Quelle règle d'accord suivent les pronoms ?

R. *Règle.* Les pronoms doivent toujours être du même genre, du même nombre et de la même personne que le nom dont ils tiennent la place. Ainsi, en parlant d'une dame, dites : elle *viendra ce soir* ; *elle*, parce que ce pronom se rapporte à *dame*, qui est du féminin et au singulier. Dites aussi : *ce sont vos affaires comme les* miennes ; les *miennes*, parce que ce pronom se rapporte à *affaires*, qui est du féminin et au pluriel.

CHAPITRE V.

LE VERBE.

D. Qu'est-ce que le verbe ?

R. Le *verbe* est un mot dont on se sert pour exprimer que l'on est ou que l'on fait quelque chose. Ainsi , le verbe exprime un *état* ou une *action*.

D. A quoi reconnaît-on qu'un mot soit un verbe ?

R. On connaît qu'un mot est un verbe, quand on peut placer devant ce mot les pronoms *je, tu, il, ils, elle, elles, nous,* etc.

D. Que marquent ces pronoms ?

R. Les pronoms *je, nous,* marquent la première personne, c'est-à-dire, celle qui parle ; *tu, vous,* marquent la seconde personne, c'est-à-dire, celle à qui l'on parle ; *il, elle, ils, elles,* et tout nom placé devant un verbe, marquent la troisième personne, celle de laquelle on parle.

D. Les verbes prennent-ils les deux nombres ?

R. Oui ; les verbes sont susceptibles des deux nombres. On emploie le *singulier,* quand on parle d'une seule personne, comme, *je chante, mon frère joue.* On emploie le *pluriel* quand on parle de plusieurs personnes ; comme, *nous chantons, mes frères jouent.*

D. Outre les *personnes* et les *nombres,*

que faut-il encore considérer dans les verbes?

R. Il faut y considérer les *modes* et les *temps*.

D. Qu'appelez - vous *mode* dans un verbe ?

R. On appelle mode, dans un verbe, la manière de signifier de ce verbe.

D. Combien distinguez-vous de *modes* dans les verbes ?

R. Il y en a cinq, savoir :

1° L'*indicatif*, quand on affirme que la chose est, ou qu'elle a été, ou qu'elle sera.

2° Le *conditionnel*, quand on dit qu'une chose serait, ou qu'elle aurait été moyennant une condition.

3° L'*impératif*, quand on commande de la faire.

4° Le *subjonctif*, quand on souhaite ou qu'on doute qu'elle se fasse.

5° L'*infinitif*, qui exprime l'état ou l'action en général, sans nombres, ni personnes ; comme *lire*, *être*.

D. Combien y a-t-il de temps dans les verbes?

R. Il y a trois temps : le *présent*, qui marque que la chose est ou se fait actuellement, comme, *je lis ; le passé* ou *prétérit*, qui marque que la chose a été faite, comme *j'ai lu ; le futur*, qui marque que la chose sera ou se fera, comme *je lirai*.

D. Combien distingue-t-on de prétérits ?

R. On distingue plusieurs sortes de prétérits ou passés ; savoir : un *imparfait, Je lisais ;* trois *parfaits , Je lus , j'ai lu ; j'eus lu ;* et un *plus-que-parfait , J'avais lu.*

D. Y a-t-il aussi plusieurs futurs?

R. Il y a deux futurs : le futur simple, *Je lirai ;* et le *futur composé* ou *antérieur, J'aurai lu.*

D. Qu'est-ce que conjuguer un verbe?

R. *Conjuguer* un verbe, c'est écrire ou réciter de suite les différents *modes* de ce verbe, avec tous leurs *temps*, leurs *nombres* et leurs *personnes*.

D. Combien avons-nous de conjugaisons?

R. Il y a quatre conjugaisons différentes,

que l'on distingue par la terminaison du présent de l'infinitif.

La première conjugaison a le présent de l'infinitif terminé en *er* , comme *adorer*.

La seconde a l'infinitif terminé en *ir*, comme *unir*.

La troisième a l'infinitif terminé en *oir*, comme *percevoir*.

La quatrième a l'infinitif terminé en *re*, comme *entendre*.

Il y a deux verbes que l'on nomme *auxiliaires*, parce qu'ils aident à conjuguer tous les autres. Nous commencerons par ces deux verbes.

Verbe auxiliaire ÊTRE.

INDICATIF.

PRÉSENT.

Je suis.
Tu es.
Il *ou* elle est.
Nous sommes.
Vous êtes.
Ils *ou* elles sont.

IMPARFAIT.

J'étais.
Tu étais.

Il *ou* elle était.
Nous étions.
Vous étiez.
Ils *ou* elles étaient.

PRÉTÉRIT DÉFINI.

Je fus.
Tu fus.
Il *ou* elle fut.
Nous fûmes.
Vous fûtes.
Ils *ou* elles furent.

PRÉTÉRIT INDÉFINI [*].

J'ai été.
Tu as été.
Il *ou* elle a été.-
Nous avons été.
Vous avez été.
Ils *ou* elles ont été.

PRÉTÉRIT ANTÉRIEUR.

J'eus été.
Tu eus été.
Il *ou* elle eut été.
Vous eûmes été.
Vous eûtes été.
Ils *ou* elles eurent été.

PLUS-QUE-PARFAIT.

J'avais été.
Tu avais été.
Il *ou* elle avait été.
Nous avions été.
Vous aviez été.
Ils *ou* elles avaient été.

FUTUR SIMPLE.

Je serai.
Tu seras.
Il *ou* elle sera.
Nous serons.
Vous serez.
Ils *ou* elles seront.

FUTUR COMPOSÉ *ou* ANTÉRIEUR.

J'aurai été.
Tu auras été.
Il *ou* elle aura été.
Nous aurons été.
Vous aurez été.
Ils *ou* elles auront été.

CONDITIONNEL.

PRÉSENT.

Je serais.
Tu serais.
Il *ou* elle serait.
Nous serions.
Vous seriez.
Ils *ou* elles seraient.

PASSÉ *ou* ANTÉRIEUR.

J'aurais été.
Tu aurais été.
Il *ou* elle aurait été.
Nous aurions été.
Vous auriez été.
Ils *ou* elles auraient été.

SECOND CONDITIONNEL PASSÉ

J'eusse été.
Tu eusses été.
Il *ou* elle eût été.

[*] On appelle prétérit *défini* celui qui marque un temps entièrement passé ; exemple : *j'eus hier la fièvre*. On appelle prétérit *indéfini* celui qui marque un temps dont il peut rester encore quelque partie à s'écouler ; exemple : *j'ai eu la fièvre aujourd'hui.* On appelle prétérit *antérieur* celui qui marque une chose faite avant une autre ; exemple ; *dès que nous eûmes vu la fête, nous partîmes.*

Nous eussions été.
Vous eussiez été.
Ils *ou* elles eussent été.

IMPÉRATIF.

(Point de première personne au singulier.)

Sois.
Qu'il *ou* qu'elle soit.
Soyons.
Soyez.
Qu'ils *ou* qu'elles soient.

SUBJONCTIF.

PRÉSENT *ou* FUTUR.

Que je sois.
Que tu sois.
Qu'il *ou* qu'elle soit.
Que nous soyons.
Que vous soyez.
Qu'ils *ou* qu'elles soient.

PASSÉ.

Que je fusse.
Que tu fusses.
Qu'il *ou* qu'elle fût.
Que nous fussions.
Que vous fussiez.
Qu'ils *ou* qu'elles fussent.

PRÉTÉRIT.

Que j'aie été.
Que tu aies été.

Qu'il *ou* qu'elle ait été.
Que nous ayons été.
Que vous ayez été.
Qu'ils *ou* qu'elles aient été.

PLUS-QUE-PARFAIT.

Que j'eusse été.
Que tu eusses été.
Qu'il *ou* qu'elle eût été.
Que nous eussions été.
Que vous eussiez été.
Qu'ils *ou* qu'elles eussent été.

INFINITIF.

PRÉSENT.

Être.

PRÉTÉRIT.

Avoir été.

PARTICIPE.

PRÉSENT.

Étant.

PASSÉ.

Été, ayant été.

FUTUR.

Devant être.

Verbe auxiliaire Avoir.

INDICATIF.
PRÉSENT.

J'ai.
Tu as*.
Il *ou* elle a.
Nous avons.
Vous avez.
Ils *ou* elles ont.

IMPARFAIT.

J'avais.
Tu avais.
Il *ou* elle avait.
Nous avions.
Vous aviez.
Ils *ou* elles avaient.

PRÉTÉRIT DÉFINI.

J'eus.
Tu eus.
Il *ou* elle eut.
Nous eûmes.
Vous eûtes.
Ils *ou* elles eurent.

PRÉTÉRIT INDÉFINI.

J'ai eu.
Tu as eu.
Il *ou* elle a eu.
Nous avons eu.
Vous avez eu.
Ils *ou* elles ont eu.

PRÉTÉRIT ANTÉRIEUR.

J'eus eu.
Tu eus eu.
Il *ou* elle eut eu.
Nous eûmes eu.
Vous eûtes eu.
Ils *ou* elles eurent eu.

PLUS-QUE-PARFAIT.

J'avais eu.
Tu avais eu.
Il *ou* elle avait eu.
Nous avions eu.
Vous aviez eu.
Ils *ou* elles avaient eu.

FUTUR SIMPLE.

J'aurai.
Tu auras.
Il *ou* elle aura.
Nous aurons.
Vous aurez.
Ils *ou* elles auront.

FUTUR COMPOSÉ *ou* ANTÉRIEUR.

J'aurai eu.
Tu auras eu.
Il *ou* elle aura eu.
Nous aurons eu.
Vous aurez eu.
Ils *ou* elles auront eu.

---

* Toutes les secondes personnes du singulier ont le *s* à la fin, excepté à l'impératif des verbes de la première conjugaison et de quelques-uns de la seconde.

CONDITIONNEL.
Présent.

J'aurais.
Tu aurais.
Il *ou* elle aurait.
Nous aurions.
Vous auriez.
Ils *ou* elles auraient.

Passé *ou* Antérieur.

J'aurais eu.
Tu aurais eu.
Il *ou* elle aurait eu.
Nous aurions eu.
Vous auriez eu.
Ils *ou* elles auraient eu.

Second conditionnel
Passé.

J'eusse eu.
Tu eusses eu.
Il *ou* elle eût eu.
Nous eussions eu.
Vous eussiez eu.
Ils *ou* elles eussent eu.

IMPÉRATIF.

(*Point de première personne
au singulier.*)

Aie.
Qu'il *ou* qu'elle ait.
Ayons.
Ayez.
Qu'ils *ou* qu'elles aient.

SUBJONCTIF.
Présent *ou* Futur.

Que j'aie.
Que tu aies.
Qu'il *ou* qu'elle ait.
Que nous ayons.
Que vous ayez.
Qu'ils *ou* qu'elles aient.

Imparfait.

Que j'eusse.
Que tu eusses.
Qu'il *ou* qu'elle eût.
Que nous eussions.
Que vous eussiez.
Qu'ils *ou* qu'elles eussent.

Prétérit.

Que j'aie eu.
Que tu aies eu.
Qu'il *ou* qu'elle ait eu.
Que nous ayons eu.
Que vous ayez eu.
Qu'ils *ou* qu'elles aient eu.

Plus-que-parfait.

Que j'eusse eu.
Que tu eusses eu.
Qu'il *ou* qu'elle eût eu.
Que nous eussions eu.
Que vous eussiez eu.
Qu'ils *ou* qu'elles eussent
eu.

INFINITIF.
Présent.

Avoir.

Prétérit.

Avoir eu.

PARTICIPE.
Présent.

Ayant.

Passé.

Eu, ayant eu.

Futur.

Devant avoir.

PREMIÈRE CONJUGAISON.

En *er*.

INDICATIF.
PRÉSENT.

J'ador *e*.
Tu ador *es*.
Il *ou* elle ador *e*.
Nous ador *ons*.
Vous ador *ez*.
Ils *ou* elles ador *ent*.

IMPARFAIT.

J'ador *ais*.
Tu ador *ais*.
Il *ou* elle ador *ait*.
Nous ador *ions*.
Vous ador *iez*.
Ils *ou* elles ador *aient*.

PRÉTÉRIT DÉFINI.

J'ador *ai*.
Tu ador *as*.
Il *ou* elle ador *a*.
Nous ador *âmes*.
Vous ador *âtes*.
Ils *ou* elles ador *èrent*.

PRÉTÉRIT INDÉFINI.

J'ai adoré.
Tu as adoré.
Il *ou* elle a adoré.
Nous avons adoré.
Vous avez adoré.
Ils *ou* elles ont adoré.

PRÉTÉRIT ANTÉRIEUR.

J'eus adoré.
Tu eus adoré.
Il *ou* elle eut adoré.

Nous eûmes adoré.
Vous eûtes adoré.
Ils *ou* elles eurent adoré.

PLUS-QUE-PARFAIT.

J'avais adoré.
Tu avais adoré.
Il *ou* elle avait adoré.
Nous avions adoré.
Vous aviez adoré.
Ils *ou* elles avaient adoré.

FUTUR SIMPLE.

J'ador *erai*.
Tu ador *eras*.
Il *ou* elle ador *era*.
Nous ador *erons*.
Vous ador *erez*.
Ils *ou* elles ador *eront*.

FUTUR COMPOSÉ *ou* ANTÉRIEUR.

J'aurai adoré.
Tu auras adoré.
Il *ou* elle aura adoré.
Nous aurons adoré.
Vous aurez adoré.
Ils *ou* elles auront adoré.

CONDITIONNEL.
PRÉSENT.

J'ador *erais*.
Tu ador *erais*.
Il *ou* elle ador *erait*.
Nous ador *erions*.
Vous ador *eriez*.
Ils *ou* elles ador *eraient*.

PASSÉ *ou* ANTÉRIEUR.

J'aurais adoré.
Tu aurais adoré.
Il *ou* elle aurait adoré.
Nous aurions adoré.
Vous auriez adoré.
Ils *ou* elles auraient adoré.

SECOND CONDITIONNEL PASSÉ.

J'eusse adoré.
Tu eusses adoré.
Ils *ou* elle eût adoré.
Nous eussions adoré.
Vous eussiez adoré.
Ils *ou* elles eussent adoré.

IMPÉRATIF.

(*Point de première per- sonne au singulier.*)

Ador *e.*
Qu'il *ou* qu'elle ador *e.*
Ador *ons.*
Ador *ez.*
Qu'ils *ou* qu'elles ador *ent.*

SUBJONCTIF.

PRÉSENT *ou* FUTUR.

Que j'ador *e.*
Que tu ador *es.*
Qu'il *ou* qu'elle ador *e.*
Que nous ador *ions.*
Que vous ador *iez.*
Qu'ils *ou* qu'elles ador *ent.*

IMPARFAIT.

Que j'ador *asse.*
Que tu ador *asses.*
Qu'il *ou* qu'elle ador *ât.*

Que nous ador *assions.*
Que vous ador *assiez.*
Qu'ils *ou* qu'elles ador *as- sent.*

PRÉTÉRIT.

Que j'aie adoré.
Que tu aies adoré.
Qu'il *ou* qu'elle ait adoré.
Que nous ayons adoré.
Que vous ayez adoré.
Qu'ils *ou* qu'elles aient adoré.

PLUS-QUE-PARFAIT.

Que j'eusse adoré.
Que tu eusses adoré.
Qu'il *ou* qu'elle eût adoré.
Que nous eussions adoré.
Que vous eussiez adoré.
Qu'ils *ou* qu'elles eussent adoré.

INFINITIF.

PRÉSENT.

Ador *er.*

PRÉTÉRIT.

Avoir adoré.

PARTICIPE.

PRÉSENT.

Ador *ant.*

PASSÉ.

Adoré , adorée , ayant adoré.

FUTUR.

Devant ador *er.*

Ainsi se conjuguent tous les verbes qui

ont le présent de l'infinitif terminé en *er*, comme, *estimer, honorer, inviter, présenter, danser, jouer, éternuer, épuiser, critiquer, marmotter, friser, louer, agréer, créer, récréer, amplifier, convier, défier, épier, délier, enrayer, déblayer, gratifier, spolier, aboyer, nettoyer, ondoyer, balayer, défrayer, essuyer, agacer, émincer, enlacer, caqueter, becqueter, moucheter, marteler, bosseler, morceler, espérer, écrémer, amener, achever,* etc.

Première remarque. Les verbes qui ont l'infinitif terminé en *yer*, comme, *effrayer, appuyer, employer,* etc. , prennent un *i* simple après l'*y* grec aux deux premières personnes plurielles de l'imparfait de l'indicatif. Ainsi, nous écrivons à l'imparfait de l'indicatif : nous *effrayions,* vous *effrayiez*; nous *employions,* vous *employiez* ; nous *appuyions,* vous *appuyiez,* etc. On observe la même règle aux deux premières personnes plurielles du présent du subjonctif, parce que la première et la seconde personne du pluriel du présent du subjonctif sont toujours semblables à la première et à la seconde personne du pluriel de l'imparfait de l'indicatif.

Dans les verbes qui ont le présent de l'infinitif en *ier*, comme, *prier*, *crier*, *nier*, etc., on double l'*i* aux deux premières personnes du pluriel de l'imparfait de l'indicatif et du présent du subjonctif. On écrit donc à l'imparfait : nous *priions*, vous *priiez*, etc. ; et au présent du subjonctif : que nous *priions*, que vous *priiez*, etc.

Deuxième remarque. Dans les verbes en *eler*, comme, *appeler*, *étinceler*, etc., la lettre *l* se double dans toutes les personnes où elle est suivie d'un *e* muet. Exemples : j'*appelle*, j'*appellerai*, qu'ils *appellent*, etc.

Troisième remarque. Dans les verbes terminés en *eter*, comme, *cacheter*, *jeter*, etc., la lettre *t* se double dans toutes les personnes où elle est suivie d'un *e* muet. Exemples : je *jette*, je *cachetterai*, qu'ils *jettent*, qu'ils *cachettent*, etc.

Quatrième remarque. Dans les verbes terminés en *ger*, comme, *juger*, *purger*, etc., il faut mettre un *e* muet après le *g*, dans toutes les personnes où le *g* serait suivi d'un *a* ou d'un *o*. Ainsi, l'on écrit : je *jugeai*, je *purgeai* ; nous *jugeons*, nous *purgeons* ; et non : je *jugai*, je *purgais* ; nous *jugons*, nous *purgons*, etc.

Cinquième remarque. Dans les verbes terminés par *cer*, comme, *menacer*, *annoncer*, etc., on met une cédille sous le *c* dans toutes les personnes où le *c* est suivi d'un *a* ou d'un *o*. Ainsi, l'on écrit : je *menaçai*, j'*annonçai* ; nous *menaçons*, nous *annonçons*, etc.

Sixième remarque. Dans les verbes dont l'*e* pénultième est muet ou fermé, comme, *mener*, *révéler*, etc., cet *e* devient ouvert et prend un accent grave, quand l'*e* de la syllabe suivante est muet, Exemples : je *mène*, je *mènerai*; je *révèle*, je *révélerai*. Mais il reste muet et fermé, quand la syllabe suivante ne se termine point par un *e* muet : nous *amenons*, je *révélai*, etc., que j'*espérasse*, etc.

SECONDE CONJUGAISON.

En *ir*.

INDICATIF.
PRÉSENT.

J'un *is*.
Tu un *is*.
Il *ou* elle un *it*.
Nous uniss *ons*.
Vous uniss *ez*.
Ils *ou* elles uniss *ent*.

IMPARFAIT.

J'uniss *ais*.
Tu uniss *ais*.
Il *ou* elle uniss *ait*.
Nous uniss *ions*.
Vous uniss *iez*.
Ils *ou* elles uniss *aient*.

PRÉTÉRIT DÉFINI.

J'unis.
Tu unis.
Il *ou* elle un *it*.
Nous un *îmes*.
Vous un *îtes*.
Ils *ou* elles un *irent*.

PRÉTÉRIT INDÉFINI.

J'ai uni.
Tu as uni.
Il *ou* elle a uni.
Nous avons uni.
Vous avez uni.
Ils *ou* elles ont uni.

PRÉTÉRIT ANTÉRIEUR.

J'eus uni.
Tu eus uni.
Il *ou* elle eut uni.
Nous eûmes uni.

Vous eûtes uni.
Ils *ou* elles eurent uni.

PLUS-QUE-PARFAIT.

J'avais uni.
Tu avais uni.
Il *ou* elle avait uni.
Nous avions uni.
Vous aviez uni.
Ils *ou* elles avaient uni.

FUTUR SIMPLE.

J'uni *rai*.
Tu uni *ras*.
Il *ou* elle uni *ra*.
Nous uni *rons*.
Vous uni *rez*.
Ils *ou* elles uni *ront*.

FUTUR COMPOSÉ *ou* ANTÉRIEUR.

J'aurai uni.
Tu auras uni.
Il *ou* elle aura uni.
Nous aurons uni.
Vous aurez uni.
Ils *ou* elles auront uni.

CONDITIONNEL.
PRÉSENT.

J'uni *rais*.
Tu uni *rais*.
Il *ou* elle uni *rait*.
Nous uni *rions*.
Vous uni *riez*.
Ils *ou* elles uni *raient*.

PASSÉ *ou* ANTÉRIEUR.

J'aurais uni.
Tu aurais uni.
Il *ou* elle aurait uni.
Nous aurions uni.
Vous auriez uni.
Ils *ou* elles auraient uni.

SECOND CONDITIONNEL

PASSÉ.

J'eusse uni.
Tu eusses uni.
Il *ou* elle eût uni.
Nous eussions uni.
Vous eussiez uni.
Ils *ou* elles eussent uni.

IMPÉRATIF.

(*Point de première personne
au singulier.*)

Unis.
Qu'il *ou* qu'elle unisse.
Uniss *ons*.
Uniss *ez*.
Qu'ils *ou* qu'elles uniss *ent*.

SUBJONCTIF.

PRÉSENT *ou* FUTUR.

Que j'uniss *e*.
Que tu uniss *es*.
Qu'il *ou* qu'elle uniss *e*.
Que nous uniss *ions*.
Que vous uniss *iez*.
Qu'ils *ou* qu'elles uniss *ent*.

IMPARFAIT.

Que j'un *isse*.
Que tu un *isses*.
Qu'il *ou* qu'elle un *ît*.

Que nous un *issions*.
Que vous un *issiez*.
Qu'ils *ou* qu'elles un *issent*.

PRÉTÉRIT.

Que j'aie uni.
Que tu aies uni.
Qu'il *ou* qu'elle ait uni.
Que nous ayons uni.
Que vous ayez uni.
Qu'ils *ou* qu'elles aient uni.

PLUS-QUE-PARFAIT.

Que j'eusse uni.
Que tu eusses uni.
Qu'il *ou* qu'elle eût uni.
Que nous eussions uni.
Que vous eussiez uni.
Qu'ils *ou* qu'elles eussent uni.

INFINITIF.

PRÉSENT.

Un *ir*.

PRÉTÉRIT.

Avoir uni.

PARTICIPE.

PRÉSENT.

Uniss *ant*.

PASSÉ.

Uni, unie, ayant uni.

FUTUR.

Devant unir.

Ainsi se conjuguent tous les verbes qui ont le présent de l'infinitif terminé en *ir*, comme *punir*, *ourdir*, *bannir*, *bâtir*, *blanchir*, *noircir*, *embellir*, *vieillir*, *mûrir*, *nourrir*, *souffrir*, *ouvrir*, *bouillir*, *éblouir*, *jouir*, *fuir*, *offrir*, *tenir*, *dormir*, *prévenir*, *réfléchir*, *rafraîchir*, etc.

Première remarque. Quelques verbes de la seconde conjugaison ont le présent de l'indicatif terminé par un *e* muet, comme, *ouvrir*, *souffrir*, qui font au présent de l'indicatif j'*ouvre*, je *souffre*. *Mentir*, *sentir*, font je *mens*, je *sens*, etc.

Deuxième remarque. L'impératif *tiens*, du verbe *tenir*, devient substantif dans cet exemple : *Un* tiens *vaut mieux que deux* tu l'auras.

TROISIÈME CONJUGAISON.

En *oir*.

INDICATIF.	
PRÉSENT.	
Je perç *ois*.	Vous percév *ez*.
Tu perç *ois*.	Ils *ou* elles perçoiv *ent*.
Il *ou* elle perç *oit*.	IMPARFAIT.
Nous percev *ons*.	Je percev *ais*.
	Tu percev *ais*.
	Il *ou* elle percev *ait*.

Nous percev *ions.*
Vous percev *iez.*
Ils *ou* elles percev *aient.*

PRÉTÉRIT DÉFINI.

Je perç *us.*
Tu perç *us.*
Il *ou* elle perç *ut.*
Nous perç *ûmes.*
Vous perç *ûtes.*
Ils *ou* elles perç *urent.*

PRÉTÉRIT INDÉFINI.

J'ai perçu.
Tu as perçu.
Il *ou* elle a perçu.
Nous avons perçu.
Vous avez perçu.
Ils *ou* elles ont perçu.

PRÉTÉRIT ANTÉRIEUR.

J'eus perçu.
Tu eus perçu.
Il *ou* elle eut perçu.
Nous eûmes perçu.
Vous eûtes perçu.
Ils *ou* elles eurent perçu.

PLUS-QUE-PARFAIT.

J'avais perçu.
Tu avais perçu.
Il *ou* elle avait perçu.
Nous avions perçu.
Vous aviez perçu.
Ils *ou* elles avaient perçu.

FUTUR SIMPLE.

Je percev *rai.*
Tu percev *ras.*
Il *ou* elle percev *ra.*
Nous percev *rons.*
Vous percev *rez.*
Ils *ou* elles percev *ront.*

FUTUR COMPOSÉ *ou* ANTÉRIEUR.

J'aurai perçu.
Tu auras perçu.
Il *ou* elle aura perçu.
Nous aurons perçu.
Vous aurez perçu.
Ils *ou* elles auront perçu.

CONDITIONNEL.
PRÉSENT.

Je percev *rais.*
Tu percev *rais.*
Il *ou* elle percev *rait.*
Nous percev *rions.*
Vous percev *riez.*
Ils *ou* elles percev *raient.*

PASSÉ *ou* ANTÉRIEUR.

J'aurais perçu.
Tu aurais perçu.
Il *ou* elle aurait perçu.
Nous aurions perçu.
Vous auriez perçu.
Ils *ou* elles auraient perçu.

SECOND CONDITIONNEL PASSÉ.

J'eusse perçu.
Tu eusses perçu.
Il *ou* elle eût perçu.
Nous eussions perçu.
Vous eussiez perçu.
Ils *ou* elles eussent perçu.

IMPÉRATIF.

(Point de première personne au singulier.)

Perçoi *s.*
Qu'il *ou* qu'elle perçoiv *e.*
Percev *ons.*
Percev *ez.*
Qu'ils *ou* qu'elles perçoiv *ent.*

SUBJONCTIF.

PRÉSENT *ou* FUTUR.

Que je perçoiv *e.*
Que tu perçoiv *es.*
Qu'il *ou* qu'elle perçoiv *e.*
Que nous percev *ions.*
Que vous percev *iez.*
Qu'ils *ou* qu'elles perçoi-
v *ent.*

IMPARFAIT.

Que je perç *usse.*
Que tu perç *usses.*
Qu'il *ou* qu'elle perç *ût.*
Que nous perç *ussions.*
Qne vous perç *ussiez.*
Qu'ils *ou* qu'elles perç *us-*
sent.

PRÉTÉRIT.

Que j'aie perçu.
Que tu aies perçu.
Qu'il *ou* qu'elle ait perçu.
Que nous ayons perçu.
Que vous ayez perçu.
Qu'ils *ou* qu'elles aient
perçu.

PLUS-QUE-PARFAIT.

Que j'eusse perçu.
Que tu eusses perçu.
Qu'il *ou* qu'elle eût perçu.
Que nous eussions perçu.
Que vous eussiez perçu.
Qu'ils *ou* qu'elles eussent
perçu.

INFINITIF.

PRÉSENT.

Percev *oir.*

PRÉTÉRIT.

Avoir perçu.

PARTICIPE.

PRÉSENT.

Percev *ant.*

PASSÉ.

Perçu, perçue, ayant perçu.

FUTUR

Devant percev *oir.*

Conjuguez de même tous les verbes qui ont le présent de l'infinitif terminé en *oir,* comme *concevoir, devoir, prévoir, voir, asseoir, décevoir, mouvoir, valoir, pourvoir, prévoir, prévaloir, savoir, vouloir,* etc.

QUATRIÈME CONJUGAISON.

En *re*.

INDICATIF.

PRÉSENT.

J'entend *s*.
Tu entend *s*.
Il *ou* elle entend.
Nous entend *ons*.
Vous entend *ez*.
Ils *ou* elles entend *ent*.

IMPARFAIT.

J'entend *ais*.
Tu entend *ais*.
Il *ou* elle entend *ait*.
Nous entend *ions*.
Vous entend *iez*.
Ils *ou* elles entend *aient*.

PRÉTÉRIT DÉFINI.

J'entend *is*.
Tu entend *is*.
Il *ou* elle entend *it*.
Nous entend *îmes*.
Vous entend *îtes*.
Ils *ou* elles entend *irent*.

PRÉTÉRIT INDÉFINI.

J'ai entendu.
Tu as entendu.
Il *ou* elle a entendu.
Nous avons entendu.
Vous avez entendu.
Ils *ou* elles ont entendu.

PRÉTÉRIT ANTÉRIEUR.

J'eus entendu.
Tu eus entendu.
Il *ou* elle eut entendu.

Nous eûmes entendu.
Vous eûtes entendu.
Ils *ou* elles eurent entendu.

PLUS-QUE-PARFAIT.

J'avais entendu.
Tu avais entendu.
Il *ou* elle avait entendu.
Nous avions entendu.
Vous aviez entendu.
Ils *ou* elles avaient entendu.

FUTUR SIMPLE.

J'entend *rai*.
Tu entend *ras*.
Il *ou* elle entend *ra*.
Nous entend *rons*.
Vous entend *rez*.
Ils *ou* elles entend *ront*.

FUTUR COMPOSÉ *ou* ANTÉ-
RIEUR.

J'aurai entendu.
Tu auras entendu.
Il *ou* elle aura entendu.
Nous aurons entendu.
Vous aurez entendu.
Ils *ou* elles auront entendu.

CONDITIONNEL.

PRÉSENT.

J'entend *rais*.
Tu entend *rais*.
Il *ou* elle entend *rait*.
Nous entend *rions*.
Vous entend *riez*.
Ils *ou* elles entend *raient*.

PASSÉ ou ANTÉRIEUR.

J'aurais entendu.
Tu aurais entendu.
Il *ou* elle aurait entendu.
Nous aurions entendu.
Vous auriez entendu.
Ils *ou* elles auraient entendu.

SECOND CONDITIONNEL

PASSÉ.

J'eusse entendu.
Tu eusses entendu.
Il *ou* elle eût entendu.
Nous eussions entendu.
Vous eussiez entendu.
Ils *ou* elles eussent entendu.

IMPÉRATIF.

(*Point de première personne au singulier.*)

Entend *s*.
Qu'il *ou* qu'elle entend *e*.
Entend *ons*.
Entend *ez*.
Qu'ils *ou* qu'elles entend *ent*.

SUBJONCTIF.

PRÉSENT *ou* FUTUR.

Que j'entend *e*.
Que tu entend *es*.
Qu'il *ou* qu'elle entend *e*.
Que nous entend *ions*.
Que vous entend *iez*.
Qu'ils *ou* qu'elles entend *ent*.

IMPARFAIT.

Que j'entend *isse*.
Que tu entend *isses*.

Qu'il *ou* qu'elle entend *ît*.
Que nous entend *issions*.
Que vous entend *issiez*.
Qu'ils *ou* qu'elles entend *issent*.

PRÉTÉRIT.

Que j'aie entendu.
Que tu aies entendu.
Qu'il *ou* qu'elle ait entendu.
Que nous ayons entendu.
Que vous ayez entendu.
Qu'ils *ou* qu'elles aient entendu.

PLUS-QUE-PARFAIT.

Que j'eusse entendu.
Que tu eusses entendu.
Qu'il *ou* qu'elle eût entendu.
Que nous eussions entendu.
Que vous eussiez entendu.
Qu'ils *ou* qu'elles eussent entendu.

INFINITIF.

PRÉSENT.

Entend *re*.

PRÉTÉRIT.

Avoir entendu.

PARTICIPE.

PRÉSENT.

Entend *ant*,

PASSÉ.

Entendu, entendue, ayant entendu.

FUTUR.

Devant entend *re*.

Conjuguez de même tous les verbes qui

sont terminés en *re* au présent de l'infinitif, comme, *prétendre, défendre, vendre, suspendre, répandre, répondre, fondre, tordre, mordre, perdre, tondre,* etc.

D. Comment distingue-t-on les verbes en *ire* des verbes en *ir* ?

R. Les verbes en *ire* se distinguent des verbes en *ir*, en ce que les verbes en *ire* font au participe passé *it, ite* ; *construire, construit, construite ; écrire, écrit, écrite,* etc. Exceptez *circoncire, luire, reluire, nuire, lire* et ses composés, *rire, suffire.*

D. Comment peut-on distinguer les verbes en *oir* des verbes en *oire* ?

R. Il n'y a que deux verbes, *boire* et *croire*, qui se terminent en *oire* (avec un *e* muet). Tous les autres verbes de cette terminaison s'écrivent sans *e* muet. Les composés de *croire* se terminent comme ce verbe. Ainsi, l'on écrit : *accroire, décroire, mécroire.*

DES TEMPS DES VERBES.

D. Comment se divisent les temps des verbes ?

R. Ils se divisent d'abord en temps simples et en temps composés.

D. Qu'appelez-vous temps simples ?

R. Les temps *simples* sont ceux qui n'empruntent aucun temps des verbes auxiliaires *être* ou *avoir*, comme j'*honore*, je *punis*, j'*apercevrai*, etc.

D. Qu'est-ce que les temps composés ?

R. Les temps *composés* sont ceux qui se forment en empruntant un des temps du verbe *avoir* ou du verbe *être*, comme j'*ai* écrit, je *suis* parti, etc.

D. Comment se divisent encore les temps des verbes ?

R. Ils se divisent encore en temps primitifs et en temps dérivés.

D. Que nomme-t-on temps primitifs ?

R. Les temps *primitifs* sont ceux qui servent à former les autres temps dans les quatre conjugaisons, et qui ne sont eux-mêmes formés d'aucun autre.

D. Et que nommez-vous temps dérivés?

R. Les temps *dérivés* sont ceux qui se forment des temps primitifs.

D. Combien comptez-vous de temps primitifs ?

R. Nous comptons cinq temps primitifs, savoir : *le présent de l'infinitif, le participe présent, le participe passé, le présent de l'indicatif, et le prétérit défini.*

D. Que faut-il savoir pour bien conjuguer un verbe ?

R. Pour bien conjuguer un verbe, il faut en connaître les cinq temps *primitifs*, et savoir ensuite comment les temps *dérivés* se forment des temps primitifs.

TABLEAU DES TEMPS PRIMITIFS.					
	PRÉSENT de l'infinitif.	PARTICIPE présent.	PARTICIPE passé.	PRÉSENT de l'indicatif.	PRÉTÉRIT défini.
1re CONJUGAISON. .	Adorer.	Adorant.	Adoré.	J'adore.	J'adorai.
2e CONJUGAISON. .	Dormir. Finir. Mentir. Ouvrir. Sentir. Servir. Tenir. Unir.	Dormant. Finissant. Mentant. Ouvrant. Sentant. Servant. Tenant. Unissant.	Dormi. Fini. Menti. Ouvert. Senti. Servi. Tenu. Uni.	Je dors. Je finis. Je mens. J'ouvre. Je sens. Je sers. Je tiens. J'unis.	Je dormis. Je finis. Je mentis. J'ouvris. Je sentis. Je servis. Je tins. J'unis.
3e CONJUGAISON. .	Percevoir.	Percevant.	Perçu.	Je perçois.	Je perçus.
4e CONJUGAISON. .	Connaître. Contredire. Craindre. Entendre. Fondre. Joindre. Mordre. Plaire. Réduire. Teindre. Tondre. Tordre.	Connaissant. Contredisant. Craignant. Entendant. Fondant. Joignant. Mordant. Plaisant. Réduisant. Teignant. Tondant. Tordant.	Connu. Contredit. Craint. Entendu. Fondu. Joint. Mordu. Plu. Réduit. Teint. Tondu. Tordu.	Je connais. Je contredis. Je crains. J'entends. Je fonds. Je joins. Je mords. Je plais. Je réduis. Je teins. Je tonds. Je tords.	Je connus. Je contredis. Je craignis. J'entendis. Je fondis. Je joignis. Je mordis. Je plus. Je réduisis. Je teignis. Je tondis. Je tordis.

FORMATION DES TEMPS DÉRIVÉS.

Imparfait de l'Indicatif.

D. D'où se forme l'imparfait de l'indicatif?

R. L'imparfait de l'indicatif se forme du participe présent, en changeant *ant* en *ais* : ador *ant*, imparfait, j'ador *ais* ; uniss *ant*, imparfait, j'uniss *ais* ; percev *ant*, imparfait, je percev *ais* ; entend *ant*, imparfait, j'entend *ais*.

Il y a deux exceptions : *ayant, j'avais* ; *sachant,* je *savais.*

D. N'avez-vous point quelques remarques particulières à faire sur l'imparfait de l'indicatif?

Nous devons remarquer :

1° Que, dans tous les verbes qui ont le participe présent terminé en *yant*, comme, *fuyant, voyant, croyant*, etc., on ajoute un *i* simple après l'*y* grec, dans les deux premières personnes plurielles de l'imparfait de l'indicatif. Ainsi, nous écrivons : *nous fuy ions, vous fuy iez ; nous voy ions, vous voy iez ; nous croy ions, vous croy iez;* etc.

2° Que, dans les verbes qui ont le participe présent terminé en *iant*, on double l'*i* aux deux premières personnes plurielles de l'imparfait. Exemples : *nous ri ions, vous ri iez,* etc.

Futur simple.

D. D'où se forme le futur simple ?

R. Le futur simple se forme du présent de l'infinitif, en ajoutant *ai* pour les trois premières conjugaisons, et en changeant *e* en *ai* pour la quatrième. Exemples : *adorer,* futur, j'adorer *ai; unir,* futur, j'unir *ai; prévoir,* futur, je prévoir *ai; entendre,* futur, j'entendr *ai.*

D. Quelles sont les exceptions à cette formation du futur ?

R. Les voici :

Première conjugaison. *Envoyer,* futur, *j'enverrai ; aller, j'irai ; essayer, j'essaierai ; employer, j'emploierai ; appuyer, j'appuierai.*

SECONDE CONJUGAISON. *Tenir*, futur, je *tiendrai*; *venir*, je *viendrai*; *courir*, je *courrai*; *cueillir*, je *cueillerai*; *mourir*, je *mourrai*; *acquérir*, j'*acquerrai*.

TROISIÈME CONJUGAISON. *Recevoir*, futur, je *recevrai*; *avoir*, j'*aurai*; *échoir*, j'*écherrai*; *pouvoir*, je *pourrai*; *savoir*, je *saurai*; *s'asseoir*, je *m'asseierai* ou je *m'assiérai*; *voir*, je *verrai*; *vouloir*, je *voudrai*; *mouvoir*, je *mouvrai*; *devoir*, je *devrai*; *valoir*, je *vaudrai*; *falloir*, il *faudra*; *pleuvoir*, il *pleuvra*.

QUATRIÈME CONJUGAISON. *Faire*, futur, je *ferai*; *être*, je *serai*.

Conditionnel présent.

D. D'où se forme le conditionnel présent ?

R. Le conditionnel présent se forme du futur simple, en ajoutant seulement un *s*, sans exception. Exemples : j'*adore* rai, conditionnel, j'*adore* rais ; j'*uni* rai, j'*uni* rais ; je *percev* rai, je *percev* rais ; j'*entend* rai, j'*entend* rais.

Impératif.

D. D'où se forme l'impératif ?

R. L'impératif se forme de la première personne du présent de l'indicatif, en ôtant seulement le pronom *je*. Exemples : j'*adore*, impératif, *adore* ; j'*unis*, impératif, *unis* ; je *perçois*, impératif, *perçois* ; j'*entends*, impératif, *entends*, etc.

D. Y a-t-il des exceptions?

R. Quatre verbes sont exceptés : je *suis*, impératif, *sois* ; j'*ai*, impératif, *aie* ; je *sais*, impératif, *sache* ; je *vais*, impératif, *va*.

Présent du Subjonctif.

D. D'où se forme le présent du subjonctif?

R. Le présent du subjonctif se forme du participe présent, en changeant *ant* en un *e* muet. Exemples : *ador* ant, que j'*ador* e ; *uniss* ant, que j'*unis* se ; *sach* ant, que je *sach* e ; *entend* ant, que j'*entend* e.

D. Quelles sont les exceptions à cette formation du présent du subjonctif?

R. Les voici :

PREMIÈRE CONJUGAISON. *Allant*, que j'*aille* ; *effrayant*, que j'*effraie* ; *employant*, que j'*emploie* ; *essuyant*, que j'*essuie*. Il en est de même de tous les verbes qui se conjuguent comme ces trois derniers.

SECONDE CONJUGAISON. *Tenant*, que je *tienne*; *venant*, que je *vienne*; *acquérant*, que j'*acquière*; *mourant*, que je *meure*; *fuyant*, que je *fuie*.

TROISIÈME CONJUGAISON. *Recevant*, que je *reçoive*; *devant*, que je *doive*; *pouvant*, que je *puisse*; *valant*, que je *vaille* *; *mouvant*, que je *meuve*; *s'asseyant*, que je *m'asseie*; *voyant*, que je *voie*; *voulant*, que je *veuille* ** ; *fallant*, qu'il *faille*.

QUATRIÈME CONJUGAISON. *Étant*, que je *sois*; *buvant*, que je *boive*; *faisant*, que je *fasse*; *croyant*, que je *croie*; *prenant*, que je *prenne*.

D. Quelles remarques avez-vous à faire sur le présent du subjonctif?

R. Nous avons deux remarques à faire sur le présent du subjonctif.

---

* Que tu *vailles*, qu'il *vaille*, que nous *valions*, que vous *valiez*, qu'ils *vaillent*. Mais prévaloir forme régulièrement le présent du subjonctif, que je *prévale*, etc., qu'ils *prévalent*.

** Que tu *veuilles*, qu'il *veuille*, que nous *voulions*, que vous *vouliez*, qu'ils *veuillent*.

Première remarque. La troisième personne du singulier de l'impératif et la troisième personne du singulier du présent du subjonctif sont toujours semblables.

Deuxième remarque. La première et la seconde personne du pluriel du présent du subjonctif sont semblables à la première et à la seconde personne du pluriel de l'imparfait de l'indicatif.

Imparfait du Subjonctif.

D. D'où se forme l'imparfait du subjonctif ?

R. L'imparfait du subjonctif se forme du prétérit défini, en changeant *ai* en *asse* pour la première conjugaison : *j'adorai* , imparfait, que j'*ador* asse ; et en ajoutant seulement *se* pour les trois autres conjugaisons : j'*unis* , que j'*unis* se ; je *perçus* , que je *perçus* se ; j'*entendis* , que j'*entendis* se. Il n'y a point d'exception.

D. N'avez-vous rien à remarquer sur le présent de l'indicatif ?

R. Le présent de l'indicatif est un temps primitif, et par conséquent il ne se forme d'aucun autre ; mais ses trois personnes plurielles se forment du participe présent en cette sorte :

La première, en changeant *ant* en *ons*. Exemples : *ador* ant, *nous ador* ons ; *uniss* ant, *nous uniss* ons ; *percev* ant, *nous percev* ons ; *entend* ant, *nous entend* ons. Exceptions : *étant*, nous *sommes* ; *ayant*, nous *avons* ; *sachant*, nous *savons*.

La seconde en changeant *ant* en *ez*[*]. Ex. : *ador* ant, vous *ador* ez ; *uniss* ant, vous *uniss* ez ; *percev* ant, vous *percev* ez ; *entend* ant, vous *entend* ez. Exceptions : *ayant*, vous *avez* ; *sachant*, vous *savez*; *disant*, vous *dites* ; *faisant*, vous *faites*.

Enfin, la troisième, en changeant *ant* en *ent*[**]. Ex. : *Ador* ant, ils *ador* ent ; *uniss* ant, ils *uniss* ent ; *val* ant, ils *va* lent ; *entend* ant, ils *entend* ent.

D. Quelles sont les exceptions à cette for-

---

[*] Les secondes personnes du pluriel, dans les verbes, sont ordinairement terminées par un *z*.

[**] Les troisièmes personnes du pluriel, dans les verbes, finissent par *ent*, excepté celles du futur, qui finissent par *ont*.

mation de la troisième personne plurielle du présent de l'indicatif?

R. Les voici :

Première conjugaison. *Allant*, ils *vont;* *effrayant*, ils *effraient; employant*, ils *em-ploient;* etc.

Deuxième conjugaison. *Venant*, ils *vien-nent; tenant*, ils *tiennent; acquérant*, ils *acquièrent; mourant*, ils *meurent; fuyant*, ils *fuient.*

Troisième conjugaison. *Recevant*, ils *re-çoivent; devant*, ils *doivent; mouvant*, ils *meuvent; voyant*, ils *voient; sachant*, ils *savent; pouvant*, ils *peuvent; voulant*, ils *veulent; ayant*, ils *ont; s'asseyant*, ils *s'as-seient.*

Quatrième conjugaison. *Étant*, ils *sont; faisant*, ils *font; buvant*, ils *boivent; croyant*, ils *croient; prenant*, ils *pren-nent* [*].

D. Dans les verbes qui ont le participe présent terminé en *yant*, quelles sont les

---

[*] La lettre *n* se double dans le verbe *prendre* toutes les fois qu'elle est suivie d'un *e* muet.

personnes qui conservent l'*y* grec, et quelles sont celles où l'*y* se change en un *i* simple?

R. Dans les verbes qui ont le participe présent terminé en *yant*, l'*y* grec se change en un *i* simple dans toutes les personnes où cet *y* grec serait suivi d'un *e* muet : Exemples : j'*essaie*, tu *essaies*, il *essaie*, ils *essaient; j'essuierai*, *j'essuierais;* que jè *broie*, que tu *fuies*, qu'il *croie*, qu'ils *croient*, etc.

Formation des temps composés.

D. D'où se forment les temps composés?

R. Tous les temps *composés* se forment du participe passé, en y joignant les temps des verbes auxiliaires *avoir* ou *être*, comme j'*ai adoré*, j'*ai uni*, j'*avais perçu*, j'*aurai entendu*, *je suis venu*, j'*étais sorti, que je fusse parti*, etc.

Verbes irréguliers.

D. Qu'appelle-t-on verbes irréguliers?

R. Les verbes *irréguliers* ou *anomaux* sont ceux auxquels les terminaisons du verbe qui leur sert de modèle ne conviennent

point dans tous les temps primitifs ou dérivés. Voici le tableau des temps primitifs
des principaux verbes irréguliers :

TEMPS PRIMITIFS DES VERBES IRRÉGULIERS.

PRÉSENT de l'infinitif.	PARTICIPE présent.	PARTICIPE passé.	PRÉSENT de l'indicatif.	PRÉTÉRIT défini.
PREMIÈRE CONJUGAISON.				
Aller.	Allant.	Allé.	Je vais.	J'allai.
SECONDE CONJUGAISON.				
Acquérir.	Acquérant.	Acquis.	J'acquiers.	J'acquis.
Courir.	Courant.	Couru.	Je cours.	Je courus.
Cueillir.	Cueillant.	Cueilli.	Je cueille.	Je cueillis.
Faillir.		Failli.		Je faillis.
Fuir.	Fuyant.	Fui.	Je fuis.	Je fuis.
Mourir.	Mourant.	Mort.	Je meurs.	Je mourus.
Revêtir.	Revêtant.	Revêtu.	Je revêts.	Je revêtis.
Saillir.	Saillant.	Sailli.	Il saille.	Il saillit.
Tressaillir.	Tressaillant.	Tressailli.	Je tressaille.	Je tressaillis.
Vêtir.	Vêtant.	Vêtu.	Je vêts.	Je vêtis.

TROISIÈME CONJUGAISON.

PRÉSENT de l'infinitif.	PARTICIPE présent.	PARTICIPE passé.	PRÉSENT de l'indicatif.	PRÉTÉRIT défini.
Choir.				
Déchoir.		Déchu.	Je décheois.	Je déchus.
Échoir.	Échéant.	Échu.	Il échoit.	J'échus.
Falloir.		Fallu.	Il faut.	Il fallut.
Mouvoir.	Mouvant.	Mu.	Je meus.	Je mus.
Pleuvoir.	Pleuvant.	Plu.	Il pleut.	Il plut.
Pourvoir.	Pourvoyant.	Pourvu.	Je pourvois.	Je pourvus.
Pouvoir.	Pouvant.	Pu.	Je puis.	Je pus.
S'asseoir.	S'asseyant.	Assis.	Je m'assieds.	Je m'assis.
Savoir.	Sachant.	Su.	Je sais.	Je sus.
Surseoir.		Sursis.	Je surseois.	Je sursis.
Valoir.	Valant.	Valu.	Je vaux.	Je valus.
Voir.	Voyant.	Vu.	Je vois.	Je vis.
Vouloir.	Voulant.	Voulu.	Je veux.	Je voulus.

QUATRIÈME CONJUGAISON.

PRÉSENT de l'infinitif.	PARTICIPE présent.	PARTICIPE passé.	PRÉSENT de l'indicatif.	PRÉTÉRIT défini.
Absoudre.	Absolvant.	Absous, absoute	J'absous.	
Battre.	Battant.	Battu.	Je bats.	Je battis.
Boire.	Buvant.	Bu.	Je bois.	Je bus.
Braire.			Il brait.	
Bruire.	Bruyant.			
Circoncire.		Circoncis.	Je circoncis.	Je circoncis.
Clore, Clorre.		Clos.	Je clos.	
Conclure.	Concluant.	Conclu.	Je conclus.	Je conclus.
Confire.	Confisant.	Confit.	Je confis.	Je confis.
Coudre.	Cousant.	Cousu.	Je couds.	Je cousis.
Croire.	Croyant.	Cru.	Je crois.	Je crus.
Dire.	Disant.	Dit.	Je dis.	Je dis.
Écrire.	Écrivant.	Écrit.	J'écris.	J'écrivis.
Exclure.	Excluant.	Exclu.	J'exclus.	J'exclus.
Faire.	Faisant.	Fait.	Je fais.	Je fis.
Lire.	Lisant.	Lu.	Je lis.	Je lus.
Luire.	Luisant.	Lui.	Je luis.	
Maudire.	Maudissant.	Maudit.	Je maudis.	Je maudis.

SUITE DE LA QUATRIÈME CONJUGAISON.

PRÉSENT de l'infinitif.	PARTICIPE présent.	PARTICIPE passé.	PRÉSENT de l'indicatif.	PRÉTÉRIT défini.
Mettre.	Mettant.	Mis.	Je mets.	Je mis.
Moudre.	Moulant.	Moulu.	Je mouds.	Je moulus.
Naître.	Naissant.	Né.	Je nais.	Je naquis.
Nuire.	Nuisant.	Nui.	Je nuis.	Je nuisis.
Prendre.	Prenant.	Pris.	Je prends.	Je pris.
Résoudre.	Résolvant.	Résous, résolu.	Je résous.	Je résolus.
Rire.	Riant.	Ri.	Je ris.	Je ris.
Rompre.	Rompant.	Rompu.	Je romps.	Je rompis.
Suffire.	Suffisant.	Suffi.	Je suffis.	Je suffis.
Suivre.	Suivant.	Suivi.	Je suis.	Je suivis.
Traire.	Trayant.	Trait.	Je trais.	
Vaincre.	Vainquant.	Vaincu.	Je vaincs.	Je vainquis.
Vivre.	Vivant.	Vécu.	Je vis.	Je vécus.

Nous ne marquons pas les verbes *composés*, parce qu'ils suivent la conjugaison de leurs *simples*; par exemple, les composés *promettre*, *admettre*, etc., se conjuguent comme le verbe simple *mettre*.

Au moyen de cette table et des règles que nous avons données sur la formation des temps, il n'y a point de verbe qu'on ne puisse conjuguer.

Du sujet des Verbes.

D. Qu'appelez-vous sujet d'un verbe?

R. Nous appelons sujet d'un verbe l'être qui fait ou qui reçoit l'action que le verbe exprime. Dans ces phrases : *Mon frère joue, ma sœur est aimée ; mon frère* est le sujet du verbe *joue,* parce que c'est l'être qui fait l'action de *jouer* que ce verbe exprime ; *ma sœur* est le sujet du verbe *est aimée,* parce que c'est l'être qui reçoit l'action d'*aimer* que le verbe exprime.

D. Comment trouve-t-on le *sujet* d'un verbe?

R. Pour trouver le *sujet* d'un verbe, il faut mettre la demande *qui est-ce qui,* ou *qu'est-ce qui,* devant le verbe : la réponse à cette question fait connaître le sujet. Par exemple, dans les deux phrases : *Mon frère joue, ma sœur est aimée ;* si je demande, *qui est-ce qui joue?* la réponse sera : *mon frère. Mon frère* est donc le sujet du verbe *joue. De même, si je demande, *qui est-ce qui est aimée?* la réponse sera : *ma sœur.*

Ainsi , *ma sœur* est le sujet du verbe *est aimée*. *Ma maison brûle* : qu'est-ce qui *brûle*? réponse : *ma maison*.

D. En quoi le verbe dépend-il de son sujet?

R. *Règle*. Tout verbe doit être du même nombre et de la même personne que son sujet. Ex. : *Je peins : peins* est du singulier et de la première personne, parce que *je*, son sujet, est du singulier et de la première personne. *Ils peignent : peignent* est au pluriel et à la troisième personne, parce que le sujet *ils* est au pluriel et à la troisième personne.

D. A quel nombre doit être le verbe qui a deux sujets singuliers?

R. Un verbe qui a deux sujets singuliers doit se mettre au pluriel. Ex : *Mon père et ma mère peindront*.

D. A quelle personne met-on le verbe qui a deux sujets de différentes personnes?

R. Quand un verbe a deux sujets de différentes personnes, on le met à la première personne, si l'un des deux sujets est de la première personne; et on le met à la deuxième personne, s'il n'y a aucun sujet qui soit de la première. Ex. : *Vous et moi* nous perdrons la partie. *Vous et votre frère* vous dînerez avec nous.

D. Puisque la première personne l'emporte sur la seconde, pourquoi, dans l'exemple que vous venez de donner, n'avez-vous pas dit : *Moi et vous nous perdrons*, en mettant la première personne avant la seconde?

R. C'est que la politesse exige qu'on nomme d'abord la personne à laquelle on parle, et qu'on ne se nomme soi-même qu'en dernier lieu.

Complément des Verbes.

D. Qu'est-ce que le complément d'un verbe ?

R. On appelle complément d'un verbe l'objet sur lequel tombe l'action que le verbe exprime. Dans cette phrase, je *bâtis une maison, maison* est le *complément* du verbe *je bâtis*, parce que c'est l'objet sur lequel tombe directement l'action de bâtir, exprimée par le verbe *bâtir*.

D. Comment connaît-on le complément d'un verbe ?

R. Pour connaître le complément d'un verbe, il faut mettre après ce verbe les pronoms interrogatifs *qui* ou *quoi*? La réponse indique le complément. Exemples . *je sers mon ami ; je bâtis une maison ;* etc. Si je dis : *je sers qui* ? La réponse sera : *mon ami.* Donc, *mon ami* est le complément du verbe *je sers.* Si je dis : *je bâtis* quoi ? La réponse sera : *une maison.* Ainsi ; *maison* est le complément du verbe *je bâtis.*

D. Combien distingue-t-on de compléments dans les verbes ?

R. On distingue deux compléments ; savoir : le complément *direct*, et le complément *indirect.*

Le complément *direct* est l'objet sur lequel tombe immédiatement l'action marquée par le verbe, comme dans les phrases, *je sers mon ami, je bâtis une maison ; ami, maison,* sont des compléments *directs.*

Le complément *indirect* est l'objet sur lequel l'action marquée par le verbe ne tombe qu'*indirectement.* Il est toujours précédé des prépositions *à* ou *de*. Exemples :

j'ai porté une lettre à votre père; *j'ai reçu une lettre de votre cousin. Votre père* est le complément indirect du verbe *porter*; *votre cousin* est le complément indirect du verbe *recevoir*..... Pour trouver le complément indirect, il faut faire les questions *à qui? de qui?* ou bien *à quoi? de quoi?*

D. Quelle place le complément direct tient-il dans la phrase?

R. Le complément direct se place ordinairement après le verbe, comme dans ces exemples : *je prie* Dieu ; *vous savez* votre leçon. Mais, si le complément est un pronom, il se met avant le verbe, comme dans ces phrases : *je vous estime,* pour *j'estime vous*; *je la respecte,* pour *je respecte elle.*

Des différentes sortes de Verbes.

D. Combien distinguez-vous de sortes de verbes?

R. On divise les verbes en *actifs, passifs, neutres, réfléchis, réciproques, pronominaux* et *unipersonnels.*

D. Qu'est-ce qu'un verbe actif?

R. On appelle verbe *actif* ou *transitif,*

celui qui exprime une action qui tombe directement sur un objet. Ainsi , dans les phrases, *acheter un livre, étudier une leçon,* les verbes *acheter, étudier* sont des verbes *actifs* , parce qu'ils expriment une action qui tombe directement sur les objets *livre* , *leçon.* On connaît les verbes *actifs* en ce qu'on peut placer après ces verbes les mots *quelqu'un* ou *quelque chose.*

D. Qu'est-ce que le verbe passif ?

R. Le verbe *passif* est celui dont le sujet reçoit ou supporte l'action marquée par le verbe. Pour former le verbe passif, il faut prendre *l'objet* de l'action exprimée par le verbe actif , et en faire le *sujet* qui reçoive l'action que marque le verbe. Ainsi , pour mettre au passif le verbe *récompenser*, dans cette phrase : *Dieu récompensera l'homme juste*, dites : *l'homme juste sera récompensé de Dieu.*

D. Qu'appelle-t-on verbes neutres ?

R. On appelle verbes *neutres* ou *intransitifs* , les verbes qui expriment un état, ou bien une action qui ne tombe point *directement* sur un objet. Ainsi , *languir* est un verbe *neutre*, parce que ce verbe exprime un état ; *marcher* est un verbe *neutre*, parce que ce verbe exprime une action qui ne sort pas du sujet qui la fait ; *nuire* est un verbe *neutre*, parce qu'il exprime une action qui ne peut tomber *directement* sur un objet.

D. Comment connaît-on un verbe neutre?

R. On connaît un verbe *neutre* ou *intransitif*, en ce qu'on ne peut pas mettre après ce verbe les mots *quelqu'un, quelque chose. Languir, nuire*, sont des verbes neutres, parce qu'on ne peut pas dire languir *quelqu'un, quelque chose*, nuire *quelqu'un, quelque chose*. Ainsi, les verbes neutres n'ont point de complément direct; mais ils peuvent avoir un complément indirect, marqué par *à* ou par *de. Ce livre appartient à mon frère. Je profiterai* de *vos avis*.

D. Pourquoi ces verbes sont-ils appelés *neutres*?

R. On les nomme verbes *neutres*, parce qu'ils ne sont ni *actifs*, ni *passifs*, et on les appelle *intransitifs*, parce que l'action qu'ils expriment ne *tombe* point, ne *passe* point immédiatement sur un objet. Ainsi, pour qu'un verbe soit *actif*, il ne suffit point qu'il exprime une action ; il faut encore que cette action tombe ou puisse tomber *directement, immédiatement* sur un objet. C'est pour cela que *nuire*, qui exprime une action, est *neutre* dans la langue française et dans les langues anciennes.

D. Qu'est-ce que les verbes réfléchis ?

R. Les verbes *réfléchis* sont ceux qui expriment, soit l'action d'un sujet qui agit sur lui-même, comme *se conduire, se défendre*, soit une action faite par le sujet, et qui aboutit seulement à lui, comme, *je me fais un devoir*, c'est-à-dire, je fais *à moi* un devoir. Dans le premier cas, les pronoms *me, te, se, nous, vous*, sont en complément direct ; dans le second cas, ces pronoms sont en complément indirect.

D. Qu'est-ce que les verbes réciproques ?

R. Les verbes *réciproques* sont ceux qui expriment l'action de plusieurs sujets qui agissent respectivement les uns sur les autres de la même manière ; comme , *ces deux hommes* se querellent *sans cesse* ; *tous les hommes doivent* s'entr'aider.

D. Qu'appelle-t-on verbes pronominaux?

R. On nomme verbes *pronominaux* ceux qui , se conjuguant avec des pronoms de la même personne , n'expriment ni l'action qu'un sujet fasse sur lui-même , ni une action qui aboutisse au sujet, ni même une action faite par le sujet. Ainsi, quand je dis, *cette marchandise* se vend *trop cher,* l'action de *vendre* ne tombe point sur le sujet *marchandise,* parce que la marchandise ne peut se vendre elle-même; cette action n'aboutit pas à *marchandise,* parce que la marchandise ne vend pas *à elle;* l'action n'est pas non plus faite par le sujet, parce qu'on ne peut pas dire d'une *marchandise* qu'elle *vende.* Le verbe se *vendre* a donc ici une signification passive, et la phrase équivaut à celle-ci : *cette marchandise* est vendue *trop cher.*

D. Qu'est-ce que le verbe unipersonnel ?

R. Le verbe *unipersonnel* est celui qui ne s'emploie qu'à la troisième personne du singulier, comme : *il faut, il importe, il pleut*, *il y a*, etc. Le pronom *il* est un pronom *absolu* devant les verbes unipersonnels, parce qu'il ne tient point la place d'une personne ; il ne peut être remplacé ni par un nom, ni par un autre pronom.

CONJUGAISON DES VERBES PASSIFS.

D. Tous les verbes passifs se conjuguent-ils de la même manière ?

R. Il n'y a qu'une seule conjugaison pour tous les verbes passifs ; elle se fait avec l'auxiliaire *être* dans tous les temps, et le participe passé du verbe que l'on conjugue.

INDICATIF.

PRÉSENT.

Je suis estimé, *ou* estimée.
Tu es estimé, *ou* estimée.
Il est estimé, *ou* elle est estimée.
Nous sommes estimés, *ou* estimées.
Vous êtes estimés, *ou* estimées.
Ils sont estimés, *ou* elles sont estimées.

IMPARFAIT.

J'étais estimé, *ou* estimée.
Tu étais estimé, *ou* estimée.
Il était estimé, *ou* elle était estimée.
Nous étions estimés, *ou* estimées.
Vous étiez estimés, *ou* estimées.
Ils étaient estimés, *ou* elles étaient estimées.

PRÉTÉRIT DÉFINI.

Je fus estimé, *ou* estimée.
Tu fus estimé, *ou* estimée.
Il fut estimé, *ou* elle fut estimée.
Nous fûmes estimés, *ou* estimées.
Vous fûtes estimés, *ou* estimées.
Ils furent estimés, *ou* elles furent estimées.

PRÉTÉRIT INDÉFINI.

J'ai été estimé, *ou* estimée.
Tu as été estimé, *ou* estimée.
Il a été estimé, *ou* elle a été estimée.
Nous avons été estimés, *ou* estimées.
Vous avez été estimés, *ou* estimées.
Ils ont été estimés, *ou* elles ont été estimées.

PRÉTÉRIT ANTÉRIEUR.

J'eus été estimé, *ou* estimée.
Tu eus été estimé, *ou* estimée.
Il eut été estimé, *ou* elle eut été estimée.
Nous eûmes été estimés, *ou* estimées.
Vous eûtes été estimés, *ou* estimées.
Ils eurent été estimés, *ou* elles eurent été estimées.

PLUS-QUE-PARFAIT.

J'avais été estimé, *ou* estimée.
Tu avais été estimé, *ou* estimée.
Il avait été estimé, *ou* elle avait été estimée.
Nous avions été estimés, *ou* estimées.
Vous aviez été estimés, *ou* estimées.
Ils avaient été estimés, *ou* elles avaient été estimées.

FUTUR SIMPLE.

Je serai estimé, *ou* estimée.
Tu seras estimé, *ou* estimée.
Il sera estimé, *ou* elle sera estimée.
Nous serons estimés, *ou* estimées.
Vous serez estimés, *ou* estimées.
Ils seront estimés, *ou* elles seront estimées.

FUTUR COMPOSÉ.

J'aurai été estimé, *ou* estimée.
Tu auras été estimé, *ou* estimée.
Il aura été estimé, *ou* elle aura été estimée.
Nous aurons été estimés, *ou* estimées.
Vous aurez été estimés, *ou* estimées.
Ils auront été estimés, *ou* elles auront été estimées.

CONDITIONNEL.
PRÉSENT.

Je serais estimé, *ou* estimée.
Tu serais estimé, *ou* estimée.
Il serait estimé, *ou* elle serait estimée.
Nous serions estimés, *ou* estimées.
Vous seriez estimés, *ou* estimées.
Ils seraient estimés, *ou* elles seraient estimées.

PASSÉ.

J'aurais été estimé, *ou* estimée.
Tu aurais été estimé, *ou* estimée.

Il aurait été estimé, *ou* elle aurait été estimée.

Nous aurions été estimés, *ou* estimées.

Vous auriez été estimés, *ou* estimées.

Ils auraient été estimés, *ou* elles auraient été estimées.

SECOND CONDITIONNEL PASSÉ.

J'eusse été estimé, *ou* estimée.

Tu eusses été estimé, *ou* estimée.

Il eût été estimé, *ou* elle eût été estimée.

Nous eussions été estimés, *ou* estimées.

Vous eussiez été estimés, *ou* estimées.

Ils eussent été estimés, *ou* elles eussent été estimées.

IMPÉRATIF.

(*Point de première personne au singulier.*)

Sois estimé, *ou* estimée.

Qu'il soit estimé, *ou* qu'elle soit estimée.

Soyons estimés, *ou* estimées.

Soyez estimés, *ou* estimées.

Qu'ils soient estimés, *ou* qu'elles soient estimées.

SUBJONCTIF.

PRÉSENT *ou* FUTUR.

Que je sois estimé, *ou* estimée.

Que tu sois estimé, *ou* estimée.

Qu'il soit estimé, *ou* qu'elle soit estimée.

Que nous soyons estimés, *ou* estimées.

Que vous soyez estimés, *ou* estimées.

Qu'ils soient estimés, *ou* qu'elles soient estimées.

IMPARFAIT.

Que je fusse estimé, *ou* estimée.

Que tu fusses estimé, *ou* estimée.

Qu'il fût estimé, *ou* qu'elle fût estimée.

Que nous fussions estimés, *ou* estimées.

Que vous fussiez estimés, *ou* estimées.

Qu'ils fussent estimés, *ou* qu'elles fussent estimées.

PRÉTÉRIT.

Que j'aie été estimé, *ou* estimée.

Que tu aies été estimé, *ou* estimée.

Qu'il ait été estimé, *ou* qu'elle ait été estimée.

Que nous ayons été estimés, *ou* estimées.

Que vous ayez été estimés, *ou* estimées.

Qu'ils aient été estimés, *ou* qu'elles aient été estimées.

PLUS-QUE-PARFAIT.

Que j'eusse été estimé, *ou* estimée.

Que tu eusses été estimé, *ou* estimée.

Qu'il eût été estimé, *ou* qu'elle eût été estimée.

Que nous eussions été es-
timés, ou estimées.
Que vous eussiez été estimés, ou estimées.
Qu'ils eussent été estimés,
ou qu'elles eussent été
estimées.

INFINITIF.
PRÉSENT.

Être estimé, ou estimée.

PRÉTÉRIT.

Avoir été estimé, ou estimée.

PARTICIPE.

PRÉSENT.

Étant estimé, ou estimée.

PASSÉ.

Ayant été estimé, ou estimée.

FUTUR.

Devant être estimé, ou estimée.

Conjuguez de même les verbes passifs *être adoré, être uni, être aperçu, être entendu,* etc.

D. Les verbes passifs ont-ils un complément ?

R. Oui, et ce complément est ordinairement marqué par les prépositions *de* ou *par.* Exemples : *L'homme vertueux est estimé de tout le monde ; Abel fut tué par son frère Caïn.*

CONJUGAISON DES VERBES NEUTRES
OU INTRANSITIFS.

D. Comment se conjuguent les verbes neutres ?

R. Un bon nombre de verbes neutres se conjuguent avec l'auxiliaire *avoir*, comme, *j'ai langui*, *j'ai parlé*, *j'aurais marché*, etc. D'autres se conjuguent avec l'auxiliaire *être*, comme, *je suis arrivé*, *j'étais venu*, etc. Nous allons donner un modèle de conjugaison de ces derniers verbes.

INDICATIF.
PRÉSENT.

J'entre.
Tu entres.
Il *ou* elle entre.
Nous entrons.
Vous entrez.
Ils *ou* elles entrent.

IMPARFAIT.

J'entrais.
Tu entrais.
Il *ou* elle entrait.
Nous entrions.
Vous entriez.
Ils *ou* elles entraient.

PRÉTÉRIT DÉFINI.

J'entrai.
Tu entras.
Il *ou* elle entra.
Nous entrâmes.
Vous entrâtes.
Ils *ou* elles entrèrent.

PRÉTÉRIT INDÉFINI.

Je suis entré, *ou* entrée.
Tu es entré, *ou* entrée.

Il est entré, *ou* elle est entrée.
Nous sommes entrés, *ou* entrées.
Vous êtes entrés, *ou* entrées.
Ils sont entrés, *ou* elles sont entrées.

PRÉTÉRIT ANTÉRIEUR.

Je fus entré, *ou* entrée.
Tu fus entré, *ou* entrée.
Il fut entré, *ou* elle fut entrée.
Nous fûmes entrés, *ou* entrées.
Vous fûtes entrés, *ou* entrées.
Ils furent entrés, *ou* elles furent entrées.

PLUS-QUE-PARFAIT.

J'étais entré, *ou* entrée.
Tu étais entré, *ou* entrée.
Il était entré, *ou* elle était entrée.
Nous étions entrés, *ou* entrées.

Vous étiez entrés, *ou* entrées.

Ils étaient entrés, *ou* elles étaient entrées.

FUTUR SIMPLE.

J'entrerai.
Tu entreras.
Il *ou* elle entrera.
Nous entrerons.
Vous entrerez.
Ils *ou* elles entreront.

FUTUR COMPOSÉ.

Je serai entré, *ou* entrée.
Tu seras entré, *ou* entrée.
Il sera entré, *ou* elle sera entrée.
Nous serons entrés, *ou* entrées.
Vous serez entrés, *ou* entrées.
Ils seront entrés, *ou* elles seront entrées.

CONDITIONNEL.

PRÉSENT.

J'entrerais.
Tu entrerais.
Il *ou* elle entrerait.
Nous entrerions.
Vous entreriez.
Ils *ou* elles entreraient.

PASSÉ.

Je serais entré, *ou* entrée.
Tu serais entré, *ou* entrée.
Il serait entré, *ou* elle serait entrée.

Nous serions entrés, *ou* entrées.

Vous seriez entrés, *ou* entrées.

Ils seraient entrés, *ou* elles seraient entrées.

SECOND CONDITIONNEL PASSÉ.

Je fusse entré, ou entrée.
Tu fusses entré, *ou* entrée.
Il fût entré, *ou* elle fût entrée.
Nous fussions entrés, *ou* entrées.
Vous fussiez entrés, *ou* entrées.
Ils fussent entrés, *ou* elles fussent entrées.

IMPÉRATIF.

(Point de première personne au singulier.)

Entre.
Qu'il *ou* qu'elle entre.
Entrons.
Entrez.
Qu'ils *ou* qu'elles entrent.

SUBJONCTIF.

PRÉSENT *ou* FUTUR.

Que j'entre.
Que tu entres.
Qu'il *ou* qu'elle entre.
Que nous entrions.
Que vous entriez.
Qu'ils *ou* qu'elles entrent.

IMPARFAIT.

Que j'entrasse.
Que tu entrasses.

Qu'il *ou* qu'elle entrât.
Que nous entrassions.
Que vous entrassiez.
Qu'ils *ou* qu'elles entrassent.

Que nous fussions entrés, *ou* entrées.
Que vous fussiez entrés, *ou* entrées.
Qu'ils fussent entrés, *ou* qu'elles fussent entrées.

PRÉTÉRIT.

Que je sois entré, *ou* entrée.
Que tu sois entré, *ou* entrée.
Qu'il soit entré, *ou* qu'elle soit entrée.
Que nous soyons entrés, *ou* entrées.
Que vous soyez entrés, *ou* entrées.
Qu'ils soient entrés, *ou* qu'elles soient entrées.

PLUS-QUE-PARFAIT.

Que je fusse entré, *ou* entrée.
Que tu fusses entré, *ou* entrée.
Qu'il fût entré, *ou* qu'elle fût entrée.

INFINITIF.

PRÉSENT.

Entrer.

PRÉTÉRIT.

Être entré, *ou* entrée.

PARTICIPE.

PRÉSENT.

Entrant.

PASSÉ.

Entré, entrée, étant entré, *ou* entrée.

FUTUR.

Devant entrer.

Conjuguez de même les verbes *arriver, aller, tomber, sortir, partir, rester, naître, mourir, descendre, monter, passer, venir*, etc.

D. Les verbes neutres ne deviennent-ils pas quelquefois actifs?

R. Il y a des verbes neutres qui peuvent

quelquefois s'employer *activement*, comme dans cette phrase : *c'est une personne qui parle bien sa langue*. Le verbe neutre *parler* est pris ici dans une signification *active*.

CONJUGAISON DES VERBES RÉFLÉCHIS, RÉCIPROQUES ET PRONOMINAUX.

D. Ces trois sortes de verbes se conjuguent-elles de la même manière ?

R. Oui. Les verbes *réfléchis, réciproques* et *pronominaux* se conjuguent avec l'auxiliaire *être*, et les pronoms de la même personne. Nous donnons pour modèle la conjugaison du verbe réfléchi *se conduire*. Mais les verbes *réciproques* ne se conjuguent qu'au pluriel.

INDICATIF.

PRÉSENT.

Je me conduis.
Tu te conduis.
Il *ou* elle se conduit.
Nous nous conduisons.
Vous vous conduisez.
Ils *ou* elles se conduisent.

IMPARFAIT.

Je me conduisais.
Tu te conduisais.
Il *ou* elle se conduisait.
Nous nous conduisions.
Vous vous conduisiez.
Ils *ou* elles se conduisaient.

PRÉTÉRIT DÉFINI.

Je me conduisis.
Tu te conduisis.
Il *ou* elle se conduisit.
Nous nous conduisîmes.
Vous vous conduisîtes.
Ils *ou* elles se conduisirent.

PRÉTÉRIT INDÉFINI.

Je me suis conduit, *ou* conduite.
Tu t'es conduit, *ou* conduite.
Il s'est conduit, *ou* elle s'est conduite.
Nous nous sommes conduits, *ou* conduites.
Vous vous êtes conduits, *ou* conduites.
Ils se sont conduits, *ou* elles se sont conduites.

PRÉTÉRIT ANTÉRIEUR.

Je me fus conduit, *ou* conduite.
Tu te fus conduit, *ou* conduite.
Il se fut conduite, *ou* elle se fut conduite.
Nous nous fûmes conduits, *ou* conduites.
Vous vous fûtes conduits, *ou* conduites.
Ils se furent conduits, *ou* elles se furent conduites.

PLUS-QUE-PARFAIT.

Je m'étais conduit, *ou* conduite.
Tu t'étais conduit, *ou* conduite.
Il s'était conduit, *ou* elle s'était conduite.
Nous nous étions conduits, *ou* conduites.
Vous vous étiez conduits, *ou* conduites.
Ils s'étaient conduits, *ou* elles s'étaient conduites.

FUTUR SIMPLE.

Je me conduirai.
Tu te conduiras.
Il *ou* elle se conduira.
Nous nous conduirons.
Vous vous conduirez.
Ils *ou* elles se conduiront.

FUTUR COMPOSÉ.

Je me serai conduit, *ou* conduite.
Tu te seras conduit, *ou* conduite.
Il se sera conduit, *ou* elle se sera conduite.
Nous nous serons conduits, *ou* conduites.
Vous vous serez conduits, *ou* conduites.
Ils se seront conduits, *ou* elles se seront conduites.

CONDITIONNEL.

PRÉSENT.

Je me conduirais.
Tu te conduirais.
Il *ou* elle se conduirait.
Nous nous conduirions.
Vous vous conduiriez.
Ils *ou* elles se conduiraient.

PASSÉ.

Je me serais conduit, *ou* conduite.

Tu te serais conduit, *ou* conduite.

Il se serait conduit, *ou* elle se serait conduite.

Nous nous serions conduits, *ou* conduites.

Vous vous seriez conduits, *ou* conduites.

Ils se seraient conduits, *ou* elles se seraient conduites.

SECOND CONDITIONNEL PASSÉ

Je me fusse conduit, *ou* conduite.

Tu te fusses conduit, *ou* conduite.

Il se fût conduit, *ou* elle se fût conduite.

Nous nous fussions conduits, *ou* conduites.

Vous vous fussiez conduits, *ou* conduites.

Ils se fussent conduits, *ou* elles se fussent conduites.

IMPÉRATIF.

(Point de première personne au singulier.)

Conduis-toi.

Qu'il *ou* qu'elle se conduise.

Conduisons-nous.

Conduisez-vous.

Qu'ils *ou* qu'elles se conduisent.

SUBJONCTIF.

PRÉSENT *ou* FUTUR.

Que je me conduise.

Que tu te conduises.

Qu'il *ou* qu'elle se conduise.

Que nous nous conduisions.

Que vous vous conduisiez.

Qu'ils *ou* qu'elles se conduisent.

IMPARFAIT.

Que je me conduisisse.

Que tu te conduisisses.

Qu'il *ou* qu'elle se conduisît.

Que nous nous conduisissions.

Que vous vous conduisissiez.

Qu'ils *ou* qu'elles se conduisissent.

PRÉTÉRIT.

Que je me sois conduit, *ou* conduite.

Que tu te sois conduit, *ou* conduite.

Qu'il se soit conduit, *ou* qu'elle se soit conduite.

Que nous nous soyons conduits, *ou* conduites.

Que vous vous soyez conduits, *ou* conduites.

Qu'ils se soient conduits, *ou* qu'elles se soient conduites.

PLUS-QUE-PARFAIT.

Que je me fusse conduit, *ou* conduite.

Que tu te fusses conduit, *ou* conduite.

Qu'il se fût conduit, *ou* qu'elle se fût conduite.

Que nous nous fussions conduits, *ou* conduites.
Que vous vous fussiez conduits, *ou* conduites.
Qu'ils se fussent conduits, *ou* qu'elles se fussent conduites.

INFINITIF.

PRÉSENT.

Se conduire.

PRÉTÉRIT:

S'être conduit, *ou* conduite.

PARTICIPE.

PRÉSENT.

Se conduisant.

PASSÉ.

Conduit, conduite, s'étant conduit, *ou* conduite.

FUTUR.

Devant se conduire.

Conjuguez de même se *contenter*, se *féliciter*, s'*appuyer*, s'*ennuyer*, s'*abstenir*, s'*émouvoir*, se *glorifier*, se *débattre*, s'*épanouir*, s'*enfuir*, s'*entretenir*, se *moquer*, se *taire*, se *plaindre*, se *méconnaître*, s'*enquérir*, se *prévaloir*, s'*asseoir*, s'*éteindre*, etc ; et sans singulier, s'*entr'aider*, s'*entre-nuire*, s'*entre-secourir*, s'*entrevoir*, s'*entre-frapper*, etc.

CONJUGAISON DES VERBES UNIPERSONNELS.

D. Comment se conjuguent les verbes unipersonnels ?

R. Les verbes *unipersonnels* se conjuguent comme les autres verbes, excepté qu'ils n'ont que la troisième personne du singulier.

INDICATIF.	PASSÉ.
PRÉSENT.	Il aurait, *ou* il eût importé.
Il importe.	SUBJONCTIF.
IMPARFAIT.	PRÉSENT *ou* FUTUR.
Il importait.	Qu'il importe.
PRÉTÉRIT DÉFINI.	IMPARFAIT.
Il importa.	Qu'il importât.
PRÉTÉRIT INDÉFINI.	PRÉTÉRIT.
Il a importé.	Qu'il ait importé.
PRÉTÉRIT ANTÉRIEUR.	PLUS-QUE-PARFAIT.
Il eut importé.	Qu'il eût importé.
PLUS-QUE-PARFAIT.	INFINITIF.
Il avait importé.	PRÉSENT.
FUTUR SIMPLE.	Importer.
Il importera.	PARTICIPE PASSÉ.
FUTUR COMPOSÉ.	Ayant importé.
Il aura importé.	
CONDITIONNEL.	
PRÉSENT.	
Il importerait.	

D. A quoi connaît-on qu'un verbe soit unipersonnel ?

R. On reconnaît qu'un verbe est *uniper-sonnel*, quand, à la place du mot *il*, on ne peut pas substituer un nom. Mais, si le mot *il* peut être remplacé par un nom, comme dans cette phrase, *il* parle, où l'on peut mettre l'*homme*, au lieu du mot *il*, et dire l'*homme parle*, le verbe *il parle* n'est point *unipersonnel*.

CHAPITRE VI.

LE PARTICIPE.

D. Qu'est-ce que le participe ?

R. Le *participe* est un mot qui tient du verbe et de l'adjectif. Il tient du verbe, en ce qu'il en a la signification et le complément, comme : *étudiant* une leçon ; leçon *étudiée* par l'élève. Il tient de l'adjectif, en ce qu'il *qualifie* une personne ou une chose, comme : *vieillard honoré, vertu éprouvée*.

D. Combien y a-t-il de sortes de participes ?

R. Il y a deux sortes de participes : le participe présent, et le participe passé.

D. Comment se termine le participe présent ?

R. Il est toujours terminé en *ant*, comme *adorant, unissant, percevant, entendant.*

D. Le participe présent prend-il le genre, et le nombre ?

R. Non. Le participe présent ne change jamais. Exemples : *des hommes* adorant *Dieu ; des femmes* pleurant *leurs enfants.*

D. Cependant, en parlant d'une femme, on dit : *je l'ai trouvée* pleurante ; et, en parlant de plusieurs : *je les ai trouvées* pleurantes. N'est-ce pas là un participe présent au féminin, et au pluriel ?

R. Non. Il faut distinguer les *adjectifs verbaux* des participes présents. On appelle adjectifs *verbaux* ceux qui viennent des *verbes,* comme *pleurant, pleurante ; charmant, charmante ; obligeant, obligeante ;* etc. Ces adjectifs s'accordent avec les noms auxquels ils se rapportent ; mais les participes présents sont toujours invariables.

D. Comment distingue-t-on les adjectifs verbaux des participes présents ?

R. pour distinguer les adjectifs verbaux des participes présents, il faut voir si ces mots ont un complément. S'ils ont un complément, ce sont des participes. S'ils n'ont point de complément, ce sont des adjectifs.

Cette femme est douce, affable, prévenant *tout le monde.*

Cette femme est douce, affable, prévenante.

Dans la première phrase, le mot *prévenant* est un participe, parce qu'il a un complément, *tout le monde.* Dans la seconde, *prévenante* est un adjectif verbal, parce que ce mot n'a point de complément. Dans le premier exemple, *prévenant* exprime une *action ;* dans le second, *prévenante* exprime un état habituel.

Participe passé.

D. Quelle est la terminaison du participe passé?

R. Le participe passé a plusieurs terminaisons, comme, *adoré, uni, reçu, mis, ouvert, écrit, joint, teint, exclu, mort.*

D. A combien de règles le participe passé est-il soumis ?

R. Le participe passé, joint aux verbes auxiliaires *être* ou *avoir*, est soumis à quatre règles.

D. Quelle est la première?

R. *Première règle.* Le participe passé, joint au verbe *être*, s'accorde toujours en genre et en nombre avec son sujet.

EXEMPLES :

Le procès a été gagné.	L'armée a été défaite.
Les procès ont été gagnés.	Les armées ont été défaites.
Le tonnerre est tombé.	La flotte est sortie.
La foudre est tombée.	Les flottes sont sorties.

Il n'y a point d'exception.

D. Quelle est la seconde règle?

R. *Deuxième règle.* Quand le participe passé est joint au verbe *avoir*, il ne s'accorde jamais avec son sujet.

EXEMPLES :

Mon frère a chanté.	Ma sœur a chanté.
Mes frères ont chanté.	Mes sœurs ont chanté.

Le participe *chanté* ne change point, quoique le sujet soit tantôt masculin, tantôt féminin, tantôt singulier, tantôt pluriel.

D. Quelle est la troisième règle?

R. *Troisième règle*. Le participe passé, joint au verbe *avoir*, s'accorde avec son complément direct, quand ce complément le précède.

EXEMPLES :

Les dons que nous avons reçus *du ciel.*

Les places que vous avez remplies.

Les aumônes qu'elle a répandues *dans le sein des pauvres.*

Les fautes que j'ai commises , *je les ai* expiées.

Que de maux n'ai-je pas soufferts !

D. Quelle est la quatrième règle ?

R. *Quatrième règle*. Le participe passé joint au verbe *avoir*, ne s'accorde point avec son complément, quand ce complément n'est placé qu'après le participe.

EXEMPLES :

J'ai mangé un abricot.	J'ai mangé une pêche.
J'ai mangé des abricots.	J'ai mangé des pêches.

Le participe *mangé* ne change point quoique le complément soit tantôt masculin, tantôt féminin, tantôt singulier, tantôt pluriel, parce que ce complément n'est placé qu'après le participe.

Participes passés des verbes réfléchis.

D. Quelle règle d'accord suit le participe passé d'un verbe réfléchi?

R. Lorsque le participe passé est celui d'un verbe réfléchi, il faut mettre le verbe *avoir* à la place du verbe *être*; et, si le pronom réfléchi est *complément direct*, le participe passé devra s'accorder avec ce pronom; mais, s'il n'est que complément indirect, le participe passé ne changera point, à moins qu'il ne soit précédé d'un autre complément direct.

EXEMPLE :

Ces peuples se sont donnés *au vainqueur.*

Je mets le verbe *avoir* à la place du verbe *être*, et je dis, ces *peuples ont donné* eux. Le pronom *se* est donc complément direct. Ainsi, je fais accorder le participe *donnés* avec ce pronom qui se rapporte à *peuples*. J'écris donc *donnés* au masculin et au pluriel.

Mais, dans cet exemple :

Quelques païens se sont donné *la mort,*

en mettant le verbe *avoir* à la place du

verbe *être*, je dois dire : *quelques païens ont donné* à eux *la mort.* Donc *se* est ici complément indirect, et par conséquent le participe ne doit point varier. J'écris donc *donné* (sans accord).

Mais, s'il y a un autre complément direct avant ce participe, le participe s'accordera avec ce complément.

EXEMPLE :

La mort que quelques païens se sont donnée.

En mettant le verbe *avoir* au lieu du verbe *être*, je dis : *la mort que quelques païens ont donnée* à eux. *Se* est complément indirect ; mais il y a un autre complément direct, *que*, pour la mort ; et c'est avec ce complément que s'accorde le participe *donnée*, fém. sing. (C'est l'application de la troisième règle).

Les participes des verbes *réciproques* suivent la même règle d'accord que les participes des verbes réfléchis.

EXEMPLE :

Ces deux hommes se sont battus, *et se sont* dit *des injures.*

6

Les participes des verbes *pronominaux* suivent la règle des participes des verbes passifs, c'est-à-dire, qu'ils s'accordent avec le sujet de la phrase.

EXEMPLE :

Ces confitures se sont gâtées *à l'humidité* (ont été gâtées). (1re règle.)

Participes passés suivis d'un infinitif.

D. Quelle est la règle du participe passé suivi d'un verbe à l'infinitif ?

R. Lorsque le participe passé est suivi d'un verbe à l'infinitif, le complément qui précède les deux verbes peut être, ou le complément du participe passé, ou le complément du verbe à l'infinitif. S'il est le complément du participe passé, le participe doit s'accorder avec ce complément ; mais, s'il est le complément du verbe à l'infinitif, le participe passé ne changera point.

On reconnaît que le complément qui précède les deux verbes est celui du participe, quand on peut mettre ce complément immédiatement après le participe, et changer l'infinitif qui suit en participe présent.

EXEMPLE :

La dame que j'ai entendue *chanter.*

Pour savoir si le *que* placé avant les deux verbes est le complément du participe , j'essaie de mettre le substantif que ce *que* représente immédiatement après le participe, et de changer l'infinitif qui suit en participe présent. On peut en effet dire : *J'ai entendu la dame chantant ;* donc le *que* est le complément du participe ; je dois alors écrire *entendue.*

Mais, dans cette phrase, *les cantiques que j'ai entendu chanter*, je ne puis pas dire : *j'ai entendu les cantiques chantant.* Le *que* n'est donc point le complément du participe *entendu.* Par conséquent, ce participe est invariable.

CHAPITRE VII.

LA PRÉPOSITION.

D. Qu'est-ce que la préposition ?

R. La *préposition* est un mot *invariable* qui sert à marquer les rapports que les choses ont entre elles.

Les prépositions ont un complément.

Voici le tableau des principales prépositions:

TABLEAU DES PRÉPOSITIONS.

A.	Durant.	Parmi.
A cause de.	En.	Pendant.
Après.	En deçà de, de	Pour.
Attendu *ou* vu.	deçà, par deçà.	Près de.
Au lieu de.	Entre.	Proche.
Auprès de, d'après	Envers ou à l'égard	Quant à.
Autour.	Environ.	Sans.
Avant.	Excepté.	Sauf.
Avec, d'avec.	Hormis.	Selon.
Chez.	Hors	Sous.
Contre.	Jusque, jusques.	Suivant.
Dans.	Loin de.	Sur.
De.	Le long de.	Touchant *ou* con-
Delà, au delà, de	Malgré.	cernant.
delà, par delà.	Moyennant.	. . . . . .
Depuis.	Nonobstant.	Vers.
Derrière.	Outre.	Vis-à-vis de.
Dès.	Par.	Voici.
Devant.	Par-devers.	Voilà.

CHAPITRE VIII.

L'ADVERBE.

D. Qu'est-ce que l'adverbe?

R. L'*adverbe* est un mot *invariable* qui se joint au verbe ou à l'adjectif pour en exprimer quelque circonstance.

D. Combien distinguez-vous de sortes d'*adverbes*?

R. Nous distinguons principalement six sortes d'*adverbes*; savoir : les adverbes de manière, d'ordre, de temps, de lieu, de quantité et de comparaison.

1° Les adverbes de *manière*; comme : *poliment, doucement, modestement*, etc.

2° Les adverbes d'*ordre* : *premièrement, secondement, d'abord, ensuite, auparavant, après*, etc.

3° Les adverbes de *temps* : *hier, avant-hier, aujourd'hui, demain, après-demain, autrefois, bientôt, souvent, toujours, jamais, matin, au soir*, etc.

4° Les adverbes de *lieu* : *où, ici, là,*

6.

près , *loin* , *ailleurs* , *partout* , *auprès* ,
dedans, dehors, dessus, etc.

5° Les adverbes de *quantité : beaucoup,*
peu, guère, assez, trop, combien, que,
bien, davantage, si, etc.

6° Les adverbes de *comparaison : plus,*
moins, autant, aussi, etc.

D. Vous avez défini l'adverbe *un mot*
invariable. N'y a-t-il point des adverbes
composés de plusieurs mots ?

R. Il y a des adverbes composés de plusieurs mots , et que l'on appelle *locutions*
adverbiales ; comme : *à contre-temps, à*
contre-sens, mal à propos, tout à coup,
tout à l'heure, tout à fait, à la fois, tout
à la fois, à foison, côte à côte, à mi-côte,
à plomb, d'aplomb, à peu près, etc.

D. Comment distingue-t-on l'adverbe de
la préposition ?

R. On distingue l'adverbe de la préposition, en ce que la préposition a un complément, et que l'adverbe n'en peut point avoir.

CHAPITRE IX.

LA CONJONCTION.

D. Qu'est-ce que la conjonction ?

R. La *conjonction* est un mot *invariable* qui sert à lier ensemble les diverses parties de la phrase.

D. Combien distinguez-vous de sortes de conjonctions ?

R. Nous partageons les conjonctions en neuf classes ; savoir : les copulatives, les adversatives, les disjonctives, les explicatives, les circonstancielles, les conditionnelles, les causatives, les transitives, et les déterminatives.

Copulatives. . . . .
et.
que.
ni.
aussi.

Adversatives. . . . .
mais.
quoique.
toutefois.
bien que.
néanmoins.
cependant.
pourtant.

Disjonctives. . . . .
> ou.
> soit.

Explicatives. . . . .
> savoir.
> c'est-à-dire.
> comme.

Circonstancielles. .
> lorsque.
> quand.
> tandis que.
> durant que.
> pendant que.
> tant que.
> comme.
> dès que.
> avant que.
> après que.
> aussitôt que.
> depuis que.
> jusqu'à ce que.

Conditionnelles. . .
> si.
> sinon.
> à moins que.
> en cas que.
> pourvu que.
> à condition que.
> supposé que.
> si ce n'est que.
> sans quoi.

Causatives. . . . . {
car.
puisque.
vu que.
attendu que.
parce que.
à cause que.
d'autant que.
dès que.
pourquoi..
c'est pourquoi.
afin de.
afin que.
de peur que.
de crainte que.
de sorte que.
en sorte que.

Transitives. . . . . . {
or.
donc.
par conséquent.
en effet.
enfin.
au reste.
à propos.
ainsi.
de plus.
d'ailleurs.
outre que.
encore.

Déterminative. . . . | que.

CHAPITRE X.

L'INTERJECTION.

D. Qu'est-ce que l'interjection ?

R. L'*interjection* est un mot *invariable* qui sert à exprimer les divers sentiments de l'âme.

La joie : *ah ! bon !*

La douleur : *aïe ! hélas !*

La crainte : *ah ! hé !*

L'aversion : *fi ! fi donc !*

L'admiration : *oh !*

Pour encourager : *çà ; allons ; courage !*

Pour appeler : *holà ! hé !*

Pour faire taire : *chut ; paix.*

SUPPLÉMENT.

NOMS COMPOSÉS.

D. Comment se forme le pluriel dans les noms composés ?

R. 1° Si le nom est composé de deux substantifs, ils prennent tous deux la marque du pluriel. Exemple : *un chef-lieu, des chefs-lieux.*

2° Quand le nom est composé d'un substantif et d'un adjectif, ils prennent aussi tous deux la marque du pluriel. Exemples : *un petit-neveu, des petits-neveux; une belle-sœur, des belles-sœurs ; un arc-boutant, des arcs-boutants ; un bout-rimé, des bouts-rimés;* etc.

5° Si le nom est composé d'un substantif joint à une préposition, le substantif seul prend la marque du pluriel. Exemples : *une contre-danse, des contre-danses; un avant-coureur, des avant-coureurs;* etc.

4° Quand le nom est composé de deux substantifs unis par une préposition, le premier substantif prend seul la marque du pluriel. Exemples : *un arc-en-ciel, des arcs-en-ciel ; un chef-d'œuvre, des chefs-d'œuvre;* etc.

5° Si le nom est composé d'un substantif et d'un verbe, le substantif prend seul la marque du pluriel. Exemples : *un passe-port, des passe-ports ; un garde-fou, des garde-fous.*

Adjectifs numéraux.

D. Quelle règle suivent les adjectifs numéraux *cent* et *vingt* ?

R. Les adjectifs de nombre *cent* et *vingt* employés au pluriel, prennent *s* quand ils sont suivis d'un substantif ; mais ils ne prennent point *s* quand ils sont suivis d'un autre adjectif de nombre. Exemples : *deux* cents *hommes, deux* cent *trois hommes* ; *quatre*-vingts *francs, quatre*-vingt-deux *francs*. Il y a toujours un trait d'union entre *quatre* et *vingt* dans *quatre-vingt*.... *Six-vingt* et *quinze-vingt* suivent la même règle que *quatre-vingt*, c'est-à-dire, qu'ils prennent *s* au mot *vingt*, quand ils ne sont point suivis d'un autre adjectif numéral.

D. Quelle règle suit l'adjectif *demi* ?

R. L'adjectif *demi*, placé devant le substantif, n'en prend point le genre, et se joint à ce substantif par un trait d'union : *une* demi-*heure*. Mais, si *demi* est après le substantif, il en prend seulement le genre : *deux douzaines et* demie.

D. Quelle est la règle de l'adjectif *mille*?

R. Pour la date des années, on écrit *mil* : *nous sommes en l'an* mil *huit cent quarante-six*. Partout ailleurs on écrit *mille* , qui ne prend jamais *s* : *trois* mille *francs ; la retraite des dix* mille.

Règle de QUELQUE..... QUE.

D. A combien de règles *quelque.... que* est-il soumis?

R. A trois.

1° S'il y a un substantif pluriel entre *quelque* et *que*, *quelque* prend le nombre de ce substantif, et fait la fonction d'adjectif. Exemple : quelques *maux que vous souffriez*, etc.

2° S'il y a un adjectif pluriel entre *quelque* et *que*, *quelque* reste invariable, et fait la fonction d'adverbe. Exemple : quelque *savants que soient ces hommes*, etc.

5° Quand *quel que* est suivi immédiatement d'un verbe au subjonctif, il faut l'écrire en deux mots séparés, *quel* ou *quelle* que, *quels* ou *quelles* que. Exemple · quels que *soient vos talents,* quelles que *soient vos richesses, soyez toujours modeste.*

Règle de TOUT.

D. A combien de règles est soumis le mot *tout* ?

R. *Tout,* employé pour la conjonction *quoique,* ou pour l'adverbe *entièrement,* est soumis à trois règles.

1° *Tout,* devant un adjectif masculin pluriel, ne change point. Exemple : *ces hommes,* tout *instruits,* tout *savants même qu'ils sont, ignorent encore bien des choses.*

2° *Tout,* devant un adjectif féminin qui commence par une consonne, prend le genre et le nombre de cet adjectif. Exemples : *cette société,* toute *savante qu'elle est ; ces sociétés,* toutes *savantes qu'elles sont,* etc.; *des femmes* toutes *pénétrées de douleur,* etc.

3° *Tout,* devant un adjectif féminin qui commence par une voyelle, ne change

point. Exemples : *une femme* tout *éplorée ;*
des femmes tout *éplorées ; la flotte* tout en-
tière *a péri.*

C'est moi, c'est toi, ce sont eux.

D. Quelle règle suit le pronom *ce* devant
le verbe *être* ?

R. Le pronom *ce*, placé devant le verbe
être, demande ce verbe à la troisième personne du singulier, devant les pronoms personnels *moi, toi, nous, vous.* Exemples :
c'est *moi qui l'ai voulu ;* c'est *toi qui l'as*
voulu ; c'est *nous qui l'avons voulu ;* c'est
vous qui l'avez voulu.

Mais le verbe *être* se met à la troisième
personne du pluriel, lorsqu'il est suivi des
pronoms personnels *eux , elles ,* ou d'un
substantif pluriel. Exemples : ce sont *eux,*
ce sont *elles,* ce sont *vos amis qui l'ont*
voulu.

LE, LA, LES,

tantôt articles, tantôt pronoms.

D. Que remarquez-vous sur *le, la, les* ?
R. *Le , la , les* sont quelquefois articles,

et quelquefois pronoms. Ils sont *articles,* quand ils sont placés devant les substantifs ; ils sont *pronoms,* quand ils se trouvent devant les verbes. Exemple : *j'ai rencontré* les *hommes dont vous m'avez parlé, et je* les *ai salués.* Le premier *les* est article, parce qu'il est devant le nom *hommes* ; le second est *pronom,* parce qu'il se trouve devant le verbe *j'ai salués.*

Emploi des Prétérits.

D. Le *prétérit défini* et le *prétérit indé-fini* s'emploient-ils indifféremment l'un pour l'autre ?

R. Non. Le *prétérit défini* ne doit s'employer qu'en parlant d'un temps absolument écoulé, et dont il ne reste plus aucune partie à s'écouler. Exemples : *je* remportai *deux prix l'an passé ; je* reçus *deux lettres la semaine dernière ;* j'écrivis *hier une lettre à mon oncle.* Mais on ne peut point dire : *je* fis *beaucoup de progrès cette année; je* reçus *deux lettres cette semaine ;* j'écrivis *une lettre ce matin ;* parce que l'année, la semaine, la journée, ne sont pas encore passées. Il faut dire : j'ai fait *beaucoup de progrès cette année* ; j'ai reçu *deux lettres cette semaine* ; j'ai écrit *une lettre ce matin*.

Mais le *prétérit indéfini* s'emploie indifféremment pour un temps passé, soit qu'il en reste encore une partie à s'écouler ou non. On dit bien : j'ai reçu *une lettre hier, la semaine passée;* j'ai remporté *deux prix l'an passé.*

Concordance des temps des verbes.

D. A quel temps du subjonctif faut-il mettre le verbe qui suit la conjonction *que,* quand cette conjonction appelle le subjonctif ?

R. *Première règle.* Si le premier verbe est au *présent* ou au *futur*, mettez le second au présent du subjonctif.

EXEMPLES :

Je désire	que vous veniez à bout de
Je désirerai toujours	cette entreprise.

Deuxième règle. Quand le premier verbe

est à l'*imparfait*, à l'un des *prétérits*, au *plus-que-parfait* ou bien à l'un des *conditionnels*, le second verbe doit se mettre à l'imparfait du subjonctif.

EXEMPLES :

Je désirais
Je désirai
J'ai désiré
J'avais désiré   que vous vinssiez à bout
Je désirerais   de votre entreprise.
J'aurais désiré
J'eusse désiré

Près de, prêt à.

D. Quelle différence y a-t-il entre *près de* et *prêt à* ?

R. *Près de* est une préposition qui signifie *sur le point de*. *Prêt à* est un adjectif qui signifie *disposé à*. On dit : *il est* près de *tomber* et non point prêt à *tomber*.

En campagne, à la campagne.

D. Quelle différence y a-t-il entre *être* en campagne et *être* à la campagne ?

R. *Être en campagne* ne doit se dire que des troupes : *l'armée est en campagne*.

Mais *être à la campagne* se dit de ceux

qui quittent la ville pour aller à la campagne : *Nous passerons l'automne à la campagne.*

DE L'ORTHOGRAPHE.

D. Qu'est-ce que l'orthographe ?

R. L'*orthographe* est la manière d'écrire tous les mots d'une langue.

Orthographe des Substantifs.

D. Quels sont les substantifs dont l'orthographe présente le plus de difficulté ?

R. Ce sont ceux qui sont terminés en *ace* et en *asse* ; en *ance* et en *ence* ; en *èce* et en *esse* ; en *ice* et en *isse* ; en *sion*, *cion*, *xion*, *tion*, etc.

D. Quels sont les substantifs en *ace*, quels sont ceux en *asse* ?

R. *Substantifs en* ace. *Substantifs en* asse.

Audace. Agasse.
Besace. Bécasse.

Substantifs en ace.	*Substantifs en* asse.
Bonace.	Brasse.
Contumace.	Calebasse.
Dédicace.	Carcasse.
Face.	Casse.
Glace.	Chasse.
Grimace.	Chiasse.
Limace.	Crasse.
Menace.	Crevasse.
Place.	Cuirasse.
Populace.	Culasse.
Préface.	Filasse.
Race.	Liasse.
Surface.	Masse.
Trace.	Mélasse.
Villace.	Milliasse.
	Paillasse.
	Potasse.
	Tasse.
	Terrasse.
	Tignasse.

D. Quels sont les substantifs en *ance*, quels sont les substantifs en *ence*?

R. *Substantifs en* ance. *Substantifs en* ence.

Abondance.	Absence.

Substantifs en ance.	*Substantifs en* ence.
Accoutumance.	Abstinence.
Aisance.	Adhérence.
Allégeance.	Adolescence.
Alliance.	Affluence.
Arrogance.	Agence.
Assistance.	Apparence.
Assurance.	Appétence.
Avance.	Audience.
Balance.	Cadence.
Bienfaisance.	Circonférence.
Bienséance.	Clémence.
Bienveillance.	Compétence.
Bombance.	Concupiscence.
Chance.	Concurrence.
Circonstance.	Conférence.
Clairvoyance.	Confidence.
Complaisance.	Conscience.
Concordance.	Conséquence.
Condescendance.	Continence.
Condoléance.	Contingence.
Confiance.	Convalescence.
Connaissance.	Convergence.
Consonnance.	Corpulence.
Constance.	Crédence.

Substantifs en ance.   *Substantifs en* ence.

Contenance.	Décadence.
Convenance.	Déférence.
Correspondance.	Différence.
Créance.	Diligence.
Croissance.	Dissidence.
Croyance.	Divergence.
Décevance.	Effervescence.
Déchéance.	Éloquence.
Défaillance.	Éminence.
Défiance.	Équipollence.
Délivrance.	Essence.
Dépendance.	Évidence.
Déplaisance.	Excellence.
Descendance.	Exigence.
Désobéissance.	Existence.
Disconvenance.	Expérience.
Discordance.	Faïence.
Distance.	Fréquence.
Doléance.	Impatience.
Échéance.	Impénitence.
Élégance.	Impertinence.
Enfance.	Imprudence.
Engeance.	Impudence.
Espérance.	Incidence.

Substantifs en ance.	*Substantifs en* ence.
Extravagance.	Inclémence.
Exubérance.	Incohérence.
Finance.	Incompétence.
Garance.	Inconséquence.
Ignorance.	Incontinence.
Importance.	Indécence.
Impuissance.	Indifférence.
Inadvertance.	Indigence.
Inconstance.	Indolence.
Indépendance.	Indulgence.
Inobservance.	Inexpérience.
Insouciance.	Influence.
Instance.	Inhérence.
Insuffisance.	Innocence.
Intempérance.	Insolence.
Intendance.	Intelligence.
Jactance.	Intermittence.
Jouissance.	Irrévérence.
Laitance.	Jurisprudence.
Lance.	Licence.
Lieutenance.	Magnificence.
Malveillance.	Mésintelligence.
Manigance.	Munificence.
Mécréance.	Négligence.

Substantifs en ance.	*Substantifs en* ence.
Médisance.	Obédience.
Méfiance.	Occurrence.
Mésalliance.	Opulence.
Messéance.	Patience.
Mouvance.	Pénitence.
Naissance.	Permanence.
Nonchalance.	Pestilence.
Nuance.	Potence.
Obéissance.	Prééminence.
Observance.	Préexistence.
Ordonnance.	Préférence.
Outrance.	Prescience.
Persévérance.	Présence.
Pétulance.	Présidence.
Pitance.	Providence.
Plaisance.	Prudence.
Prépondérance.	Quintessence.
Préséance.	Régence.
Prestance.	Réminiscence.
Prévenance.	Résidence.
Prévoyance.	Résipiscence.
Protubérance.	Réticence.
Puissance.	Révérence.
Quittance.	Science.

Substantifs en ance. *Substantifs en* ence.

Reconnaissance.	Semence.
Redevance.	Sentence.
Redondance.	Silence.
Réjouissance.	Transparence.
Remontrance.	Turbulence.
Renaissance.	Véhémence.
Repentance.	Violence.
Répugnance.	Urgence.

Suite des Substantifs en ance.

Résistance.	Survenance.
Ressemblance.	Survivance.
Séance.	Tempérance.
Souvenance.	Tendance.
Stance.	Tolérance.
Subsistance.	Transcendance.
Substance.	Vacance.
Surabondance.	Vaillance.
Surintendance.	Vengeance.
Surséance.	Vigilance.

D. Quels sont les substantifs en *èce*, quels sont les substantifs en *esse*?

R. Excepté les substantifs *espèce*, *nièce*,

pièce et *vesce* (*pois*), tous les autres s'écrivent par *esse* : *adresse*, *richesse*, etc.

D. Quels sont les substantifs en *ice*, quels sont les substantifs en *isse* ?

R. Excepté *bâtisse*, *coulisse*, *cuisse*, *éclipse*, *éclisse*, *esquisse*, *mélisse*, *jaunisse*, *pelisse*, *pythonisse*, *réglisse*, *saucisse*, écrivez par *ice* tous les substantifs de cette prononciation.

D. Quelles difficultés présentent les noms en *tion*, *sion*, *cion*, etc. ?

R. Les noms terminés de cette sorte peuvent embarrasser les élèves, en ce que l'oreille n'indique point qu'il faut les écrire par *tion*, *sion*, ou *cion*. Il n'y a que le substantif *suspicion* qui se termine par *cion*. Les noms suivants se terminent par *sion*. Vous terminerez tous les autres par *tion*.

Accession.	Ascension.	Conclusion.
Adhésion.	Aspersion.	Confession.
Admission.	Aversion.	Confusion.
Agression.	Cession.	Convulsion.
Animadversion.	Compassion.	Digression.
Appréhension.	Compression.	Dimension.

Suite des Substantifs en sion.

Diversion.
Division.
Émission.
Excursion.
Explosion.
Expression.
Expulsion.
Extension.
Extorsion.
Immersion.
Impression.
Impulsion.
Intercession.

Intermission.
Interversion.
Jussion.
Mission.
Occasion.
Omission.
Persuasion.
Pension.
Percussion.
Possession.
Procession.
Profession.

Profusion.
Progression.
Rémission.
Répréhension.
Rétrocession.
Soumission.
Submersion.
Subversion.
Succession.
Transgression.
Version.
Vision.

D. Quels sont les noms terminés en *xion* ?

R. Ce sont : *complexion*, *connexion*, *fluxion*, *génuflexion*, *inflexion*, *réflexion*.

D. Que remarquez-vous sur la finale *eur* ?

R. De tous les substantifs masculins et féminins terminés en *eur*, il n'y a que *heure*, *demeure*, *beurre* et *leurre*, qui se terminent par *e* muet.

D. Que remarquez-vous sur la lettre *x* ?

R. L'*e* qui précède *x* ne prend jamais

d'accent : *sexe*, *circonflexe*, *Alexandre*.

D. Que remarquez-vous sur les noms propres?

R. Tous les noms propres d'hommes, de villes, de pays, de rivières, etc., doivent commencer par une lettre capitale. Exemples : *César*, *Rome*, la *France*, le *Pô*, etc. Le nom de *Dieu* doit aussi commencer par une lettre majuscule. Lorsque les noms propres sont employés comme adjectifs, ils s'écrivent sans une lettre capitale : *l'armée* grecque, les *empereurs* romains.

ORTHOGRAPHE DES VERBES.

Présent de l'Indicatif.

D. Quelle règle d'orthographe suit le présent de l'indicatif?

R. La première personne du singulier est toujours terminée par *s*, à moins qu'elle ne le soit par un *e* muet, ou par une *x*. Exemples : je *bois*, j'*écris*, je *joue*, je *veux*, je *vaux*.

La seconde personne est toujours terminée par *s*, excepté dans les verbes où la première finit par *x* : tu *bois*, tu *joues*, tu *veux*.

La troisième est semblable à la première quand celle-ci est terminée par un *e* muet. Mais, quand la première personne finit par *cs*, *ds*, *ts*, on retranche *s* à la troisième ; et, dans tous les autres cas, *s* se change en *t*. Exemples : il *joue*, il *convainc*, il *entreprend*, il *abat*, il *unit*.

Imparfait.

D. Quelle est la terminaison des personnes de l'imparfait de l'indicatif ?

R. Elles se terminent toujours en *ais*, *ais*, *ait*, pour le singulier ; et en *ions*, *iez*, *aient*, pour le pluriel. Exemple : je *jouais*, tu *jouais*, il *jouait ;* nous *jouions*, vous *jouiez*, ils *jouaient*, etc.

Prétérit défini.

D. Combien le prétérit défini a-t-il de terminaisons ?

R. Il a quatre terminaisons :

1° *Ai*, *as*, *a*, *âmes*, *âtes*, *èrent*.

2° *Is, is, it, îmes, îtes, irent.*

5° *Us, us, ut, ûmes, ûtes, urent.*

4° *Ins, ins, int, înmes, întes, inrent.*

EXEMPLES :

Je *jouai,* tu *jouas,* il *joua,* nous *jouâmes,* vous *jouâtes,* ils *jouèrent ;* j'*unis,* tu *unis,* il *unit,* nous *unîmes,* vous *unîtes,* ils *unirent ;* j'*aperçus,* tu *aperçus,* il *aperçut,* nous *aperçûmes,* vous *aperçûtes,* ils *aperçurent ;* je *soutins,* tu *soutins,* il *soutint,* nous *soutînmes,* vous *soutîntes,* ils *soutinrent.*

Futur simple.

D. Comment se terminent les personnes du futur simple ?

R. Elles sont toujours terminées en *rai, ras, ra* pour le singulier ; et en *rons, rez, ront,* pour le pluriel. Exemple : je *jouerai,* tu *joueras,* il *jouera,* nous *jouerons,* vous *jouerez,* ils *joueront.* Il n'y a que les verbes de la première conjugaison qui prennent un *e* muet avant l'*r* au futur et au conditionnel. Ainsi, n'écrivez point : je *perceverai,* je *venderai,* etc.

Conditionnel présent.

D. Quelle est la terminaison des personnes du conditionnel ?

R. Le conditionnel se termine toujours ainsi : *rais, rais, rait*, pour le singulier ; *rions, riez, raient*, pour le pluriel. Exemple : je *jouerais*, tu *jouerais*, il *jouerait*, nous *jouerions*, vous *joueriez*, ils *joueraient*.

Présent du Subjonctif.

D. Comment se termine le présent du subjonctif ?

R. Il se termine en *e, es, e*, pour le singulier ; et en *ions, iez, ent*, pour le pluriel. Exemple : que je *joue*, que tu *joues*, qu'il *joue*, que nous *jouions*, que vous *jouiez*, qu'ils *jouent*.

Imparfait du Subjonctif.

D. Combien l'imparfait du subjonctif a-t-il de terminaisons ?

R. Il a quatre terminaisons ; savoir :

1° *Asse, asses, ât, assions, assiez, assent.*

2° *Isse, isses, ît, issions, issiez, issent.*

5° *Usse, usses, ût, ussions, ussiez, us-sent.*

4° *Insse, insses, înt, inssions, inssiez, inssent.*

EXEMPLES :

Que je *jouasse*, que tu *jouasses*, qu'il *jouât*, que nous *jouassions*, que vous *jouassiez*, qu'ils *jouassent*.

Que j'*unisse*, que tu *unisses*, qu'il *unît*, que nous *unissions*, que vous *unissiez*, qu'ils *unissent*.

Que j'*aperçusse*, que tu *aperçusses*, qu'il *aperçût*, que nous *aperçussions*, que vous *aperçussiez*, qu'ils *aperçussent*.

Que je *soutinsse*, que tu *soutinsses*, qu'il *soutînt*, que nous *soutinssions*, que vous *soutinssiez*, qu'ils *soutinssent*.

ORTHOGRAPHE DES PRONOMS , DES

ADVERBES, etc.

Leur, leurs.

D. Quand faut-il mettre une *s* au mot *leur*?

R. *Leur* prend une *s* quand il est devant un substantif pluriel, ou qu'il est précédé des articles *les, des, aux.* Exemple : *les hommes ont* leurs *défauts, et les femmes ont les* leurs. Mais, quand *leur* est devant un verbe, il ne prend jamais *s.* Exemple : *je* leur *ai rendu de grands services.* Il n'y a que les gens dépourvus d'instruction qui disent : *je* leurs *ai rendu.*

Notre, votre, nôtre, vôtre.

D. Quand doit-on mettre un accent circonflexe sur l'*o* de *notre, votre*?

R. On met un accent circonflexe sur l'*o* de *notre, votre,* lorsque ces mots sont des *pronoms* : ils sont alors précédés des articles *le, la, les, du, des, au, aux.* Mais on ne met point l'accent sur l'*o* quand ces mots sont des *adjectifs* : alors ils sont placés devant un substantif. Exemples : Notre *cheval est malade, prêtez-nous le* vôtre. *Nous avons écouté* votre *défense, vous devez entendre la* nôtre.

Quoique, quoi que.

D. Que remarquez-vous sur *quoique* et *quoi que* ?

R. *Quoique*, en un seul mot, est une conjonction adversative : quoiqu'*il vienne souvent me voir.....* *Quoi que*, en deux mots, est un pronom indéfini, et peut se changer en *quelque chose que* : quoi que *je fasse, il y trouve à redire* (quelque chose que je fasse, etc.).

Plutôt, plus tôt.

R. Que remarquez-vous sur *plutôt* et *plus tôt* ?

R. *Plutôt*, en un seul mot, est un adverbe de préférence : plutôt *la mort que l'esclavage.* Mais, pour exprimer antériorité de temps, on écrit *plus tôt* en deux mots : *je partirai* plus tôt *que vous.*

Là, la.

D. Quand met-on un accent grave sur l'*a* du mot *la* ?

R. On met un accent grave sur l'*a* de l'adverbe *là* : *pourquoi allez-vous là ?* On n'en met point sur l'*a* de *la* article ou pronom : *j'aime* la *vérité, je* la *dirai tou-jours.*

Ou, où.

D. Quand doit-on mettre un accent grave sur l'*u* de *ou* ?

R. On met un accent grave sur l'*u* de *ou*, quand ce mot est un adverbe ou un pronom : Où *suis-je*? *Le siècle* où *vécut Ésope.* On n'en met point quand *ou* est conjonction : *Aujourd'hui* ou *demain.*

A, à.

D. Quand mettez-vous un accent grave sur *a* ?

R. Nous mettons un accent grave sur *a* quand il est préposition : *passer son temps* à *jouer.* On n'en met point sur *a*, troisième personne du verbe *avoir : il a joué au lieu d'étudier.*

Du, dû.

D. Quand met-on un accent circonflexe sur l'*u* de *du* ?

R. On met un accent circonflexe sur l'*u* du participe passé masculin singulier du verbe *devoir* : *rendez à chacun ce qui lui est dû.* On n'en met point sur l'*u* de l'article composé *du* : *La raison du plus fort est toujours la meilleure.*

De l'Apostrophe.

D. Qu'est-ce que l'*apostrophe* ?

R. L'*apostrophe* est le retranchement d'une voyelle à la fin d'un mot, pour la facilité de la prononciation : le signe de ce retranchement est une virgule que l'on met au haut de la consonne, à la place de la lettre supprimée, comme dans l'*état*, l'*hiver*, etc.

D. Quelles sont les lettres qui se retranchent ainsi dans l'écriture ?

R. Ce sont *a, e.* L'*i* se retranche dans la conjonction *si* devant *il, ils : je ne sais s'il viendra,* s'ils *viendront,* etc.

Du Tréma.

D. Qu'appelle-t-on *tréma* ?

R. On appelle ainsi deux points placés sur les voyelles *i, u, e,* quand ces lettres doivent être prononcées séparément de la voyelle qui précède, comme, *naïf, Saül, ciguë*. Si vous ôtiez le tréma, *ciguë* se prononcerait comme *figue*.

De la Parenthèse.

D. Qu'est-ce que vous appelez *parenthèse* ?

R. Ce sont deux crochets ( ) dans lesquels on renferme quelques mots détachés. Exemple : *Que peuvent contre lui* (contre Dieu) *tous les rois de la terre* ?

Du Trait d'union.

D. Que marque le *trait d'union* ?

R. Il marque la liaison entre deux ou plusieurs mots qui n'en deviennent qu'un par le sens. Exemple : un *chef-d'œuvre*, un *arc-en-ciel*.

D. Quand emploie-t-on encore le trait d'union ?

R. On l'emploie encore après le verbe suivi d'un pronom qui lui sert de sujet : *irai-je, viendrez-vous* ; et après la première et la seconde personne de l'impératif, quand elles sont suivies des pronoms *moi, toi, le, la, lui, leur, en, y*, etc. : *donnez-moi, prêtez-lui, allez-y*, etc.

8

De la Ponctuation.

D. Qu'est-ce que la *ponctuation* ?

R. La *ponctuation* est l'art d'indiquer dans l'écriture la proportion des pauses que l'on doit faire en parlant.

D. Combien la ponctuation a-t-elle de signes ?

R. Elle en a six, qui sont : la virgule (,), le point et la virgule (;), les deux points (:), le point absolu (.), le point interrogatif (?), et le point exclamatif (!).

D. Quel est l'emploi de la virgule ?

R. La *virgule* marque la plus petite des pauses : elle se met entre les *substantifs*, les *adjectifs* et les *verbes* qui se suivent.

EXEMPLES :

La *génisse*, la *chèvre*, et leur sœur la *brebis*,
Avec un fier lion, seigneur du voisinage,
Firent société. . . . . . .
(LA FONTAINE.)

Dans un chemin *montant, sablonneux, mal-aisé*,
Et de tous les côtés au soleil *exposé*,
Six forts chevaux tiraient un coche.
(Le même.)

L'attelage *suait, soufflait, était rendu*.
(Le même.)

D. La virgule n'a-t-elle point d'autre usage?

R. On s'en sert encore pour distinguer les différentes parties d'une phrase.

EXEMPLE :

L'un voulait le garder,
L'autre voulait le vendre.
(La Fontaine, Fab. des Voleurs et de l'Ane.)

Enfin, on place entre deux virgules le nom de la personne à laquelle on adresse la parole.

EXEMPLE :

Il ne tiendra qu'à vous, beau sire,
D'être aussi gras que moi, lui repartit le chien.
(La Fontaine.)

D. Que marque le point avec la virgule?

R. Le point avec la virgule marque une pause un peu plus longue que la pause indiquée par la virgule : on le met entre deux propositions dont la seconde dépend de la première.

EXEMPLE :

A ces mots, le corbeau ne se sent pas de joie ;
Et, pour montrer sa belle voix,
Il ouvre un large bec, laisse tomber sa proie.
(La Fontaine.)

D. Quel est l'usage des deux points ?

R. Les *deux points* marquent une pause encore un peu plus longue : on s'en sert 1° quand on passe à un discours direct qu'on rapporte ; 2° après une phrase finie, mais suivie d'une autre qui l'éclaircit ou qui l'étend. Ce double usage est marqué dans l'exemple suivant.

EXEMPLE :

Le renard s'en saisit, et dit : Mon bon monsieur,
Apprenez que tout flatteur
Vit aux dépens de celui qui l'écoute :
Cette leçon vaut bien un fromage, sans doute.
(LA FONTAINE.)

D. Quel est l'usage du point absolu ?

R. Le *point absolu* marque la plus longue de toutes les pauses : on le met après un sens entièrement fini.

EXEMPLE :

La raison du plus fort est toujours la meilleure.

D. Quand faut-il employer le point interrogatif ?

R. Le *point interrogatif* se met à la fin des phrases qui expriment une interrogation.

EXEMPLE :

Est-ce assez? dites-moi : n'y suis-je pas encore ?
— Nenni.— M'y voici donc? — Point du tout.—
M'y voilà ?

(LA FONTAINE.)

D. Quel est l'usage du point exclamatif?

R. Le *point exclamatif* se met à la fin des phrases qui expriment la surprise, la terreur, etc., ou après une interjection.

EXEMPLES :

Que vous êtes joli ! que vous me semblez beau !
Vous chantiez ! j'en suis fort aise.
Eh ! ne voyez-vous pas, dit-elle, etc.
Hélas ! on voit que de tout temps
Les petits ont pâti des sottises des grands.

(LA FONTAINE.)

DES PARTIES DU DISCOURS.

D. Qu'est-ce que faire les *parties du discours?*

R. On entend, par faire les *parties du discours* ou *l'analyse grammaticale*, expliquer un discours mot à mot, en marquant sous quelle partie du discours chaque terme doit être rangé, et en rendant compte de la manière dont il est écrit d'après les règles de la grammaire.

Sujet d'analyse grammaticale.

Écoutez, enfants, les avis de votre père, et suivez-les, afin que vous soyez sauvés ; car Dieu a rendu le père vénérable aux enfants, et il a affermi sur eux l'autorité de la mère. Celui qui honore sa mère, est comme un homme qui amasse un trésor : celui qui honore son père, recevra lui-même de la joie de ses enfants, et il sera exaucé au jour de sa prière. Celui qui craint le Seigneur, honore son père et sa mère, et il servira

comme ses maîtres les auteurs de ses jours.
(*Ecclés.*)

Analyse.

Écoutez,	verbe actif, 1re conj. en *er*, à la 2e pers. plur. de l'impératif.
enfants	s. m. pl.
les	art. simp. pl. des deux genr.
avis	s. m. pl.
de	prép.
votre	adj. poss. sing. des deux genr.
père,	s, m. sing.
et	conj. copul.
suivez-	v. a. 4e conj. en *re*, à la 2e pers. pl. de l'imp.
les	pron. rel. pl. des deux genr.
afin que	conj. causat.
vous	pron. de la 2e pers. plur.
soyez	verbe auxil. *être*, à la 2e pers. pl. du présent du subj.
sauvés ;	participe passé, m. pl. s'accorde avec son sujet *vous*, pour *enfants*, 1re règle.
car	conj. caus.
Dieu	s. m. sing.
a rendu	v. act. *rendre,* 4e conj. en *re*, au prét. indéf. 3e pers. sing.
le	art. simple, masculin sing.
père	s. m. sing.

Celui	pron. dém. m. sing.
qui	pron. rel. des deux genres et des deux nombres.
craint	v. a. 4ᵉ conj. en *re*, au prés. de l'ind. 3ᵉ pers. sing.
le	art. simp. m. sing.
Seigneur	s. m. sing.
honore	v. act. 1ʳᵉ conj. en *er* au prés. de l'ind. 3ᵉ pers. sing.
son	adj. poss. m. sing.
père	s. m. sing.
et	conj. cop.
sa	adj. poss. f. sing.
mère	s. f. sing.
et	conj. copul.
il	pron. pers. m. sing.
servira	v. a. 2ᵉ conj. en *ir*, au futur simp. 3ᵉ pers. sing.
comme	adv. de comp.
ses	adj. poss. pl. des deux genr.
maîtres	s. m. pl.
les	art. simp. pl. des deux genr.
auteurs	s. m. pl.
de	prép.
ses	adj. poss. pl. des deux genr.
jours.	s. m. pl.

TABLE DES CHAPITRES.

FIN DE LA TABLE.

IMP. DE GUSTAVE GRATIOT, 11, RUE DE LA MONNAIE.

9 782019 973810